LA SANTÉ
au menu

Par Karen Graham
Diététiste professionnelle
Éducatrice agréée en diabète

À mes nombreux clients, au fil des années,
qui m'ont inspirée dans l'écriture de ce livre.

Assistance à l'édition : Janice Madill, Easy English
Photographe : Brian Gould, Brian Gould Photography Inc.
Stylisme culinaire : Judy Fowler
Traduction : Services de traduction Freynet-Gagné : Hélène Côté et Christiane Gauthier
Révision : Caroline Gariépy, diététiste
   Catherine Noulard, diététiste, InfoDiabète, Diabète Québec
   Claire Robillard, diététiste, Diabétaide,

Photographie de la couverture : Tacos (page 170)

Catalogage avant publication de
Bibliothèque et Archives Canada

Graham, Karen
 La santé au menu

 Traduction de : Meals for good health.
 Publié en collaboration avec : Diabète Québec.

 1. Diabète - Diétothérapie - Recettes. 2. Cœur - Maladies - Diétothérapie -
Recettes. 3. Régimes hypolipidiques - Recettes.
 I. Titre.

RC662.G7314 2005   641.5'6314 C2005-941210-0

Pour en savoir davantage sur nos publications,
visitez notre site : **www.edhomme.com**
Autres sites à visiter : www.edhomme.com
www.edtypo.com • www.edvlb.com
www.edhexagone.com • www.edutilis.com

07-05

© 2005, Durand & Graham Ltd.

L'ouvrage original a été publié par Paper Birch Publishing
sous le titre *Meals for Good Health*.

Dépôt légal : 3e trimestre 2005
Bibliothèque nationale du Québec

ISBN 2-7619-2165-8

DISTRIBUTEURS EXCLUSIFS :

• Pour le Canada et les États-Unis :
MESSAGERIES ADP*
955, rue Amherst
Montréal, Québec H2L 3K4
Tél. : (514) 523-1182
Télécopieur : (450) 674-6237
* Filiale de Sogides ltée

• Pour la France et les autres pays :
INTERFORUM
Immeuble Paryseine, 3, Allée de la Seine
94854 Ivry Cedex
Tél. : 01 49 59 11 89/91
Télécopieur : 01 49 59 11 96
Commandes : Tél. : 02 38 32 71 00
     Télécopieur : 02 38 32 71 28

• Pour la Suisse :
INTERFORUM SUISSE
Case postale 69 - 1701 Fribourg - Suisse
Tél. : (41-26) 460-80-60
Télécopieur : (41-26) 460-80-68
Internet : www.havas.ch
Email : office@havas.ch
Distribution : OLF SA
Z.I. 3, Corminbœuf
Case postale 1061
CH-1701 Fribourg
Commandes : Tél. : (41-26) 467-53-33
     Télécopieur : (41-26) 467-54-66
     Email : commande@ofl.ch

• Pour la Belgique et le Luxembourg :
INTERFORUM BENELUX
Boulevard de l'Europe 117
B-1301 Wavre
Tél. : (010) 42-03-20
Télécopieur : (010) 41-20-24
http://www.vups.be
Email : info@vups.be

Gouvernement du Québec – Programme de crédit d'impôt pour l'édition de livres
– Gestion SODEC – www.sodec.gouv.qc.ca

L'Éditeur bénéficie du soutien de la Société de développement des entreprises
culturelles du Québec pour son programme d'édition.

Le Conseil des Arts du Canada
The Canada Council for the Arts

Nous remercions le Conseil des Arts du Canada de l'aide accordée à notre
programme de publication.

Nous reconnaissons l'aide financière du gouvernement du Canada par l'entremise
du Programme d'aide au développement de l'industrie de l'édition (PADIÉ) pour
nos activités d'édition.

Pour plus de renseignements, voir le site www.mealsforgoodhealth.com

Achevé d'imprimer au Canada en juillet 2005
sur les presses des Imprimeries Transcontinental Inc.

Remerciements

Je voudrais tout d'abord remercier tous ceux qui utilisent *La santé au menu* pour atteindre l'objectif de la santé. Vous m'avez dit que ce livre vous avait aidés à perdre du poids, et à réduire votre cholestérol, votre pression artérielle et votre taux de sucre sanguin. En tant qu'auteur, il n'y a pas plus grande satisfaction que celle de savoir que j'ai pu aider mes lecteurs.

Je voudrais également remercier les organismes qui ont, à travers les années, offert leur soutien ou leur partenariat aux versions précédentes du livre. Un merci spécial à l'Association canadienne du diabète, à Diabète Québec, au Secrétariat national à l'alphabétisation, au Lions Club de Portage la Prairie, à Santé Canada, à l'Association nationale autochtone du diabète et à Maytag Canada. Merci à Marc Aras, de Diabète Québec, pour la vérification de la version française du livre. Toutes les analyses nutritionnelles contenues dans cet ouvrage ont été effectuées par la diététicienne assignée par l'Association canadienne du diabète, Kathy Younker, et ont été approuvées par ce même organisme.

Il est vrai qu'une image vaut mille mots. Merci donc à Brian Gould et à Judy Fowler pour leurs habilités et leur talent artistiques et pour avoir réussi à réaliser des photos réalistes et exquises.

Merci à ma sœur et collaboratrice Janice Madill; durant les dix dernières années, tu m'as guidée avec vision et sagesse. Merci à mes parents, Marg et Bill Graham, pour leurs innombrables relectures du manuscrit, et à mon frère, Douglas Graham. Merci aux diététiciennes qui ont révisé cette édition ou la première: Kristin Anderson, Caroline Gariépy, Wendy Graham, Cynthia Abbott Hommel, Nina Kudriakowski, Dr Diane Morris, Catherine Noulard, Claire Robillard, Gina Sunderland et Kathy Younker.

Le concept de *La santé au menu* est né il y a plus de dix ans à la suite d'un remue-méninges et de discussions avec mon mari, Rick Durand. Merci Rick pour tes idées, tes commentaires, ton humour, ton encouragement de tous les instants et ton amour – tu as été d'une aide précieuse à chaque étape du travail. Nos enfants, Carl et Roslyn, ont grandi avec ce livre et sont eux-mêmes devenus de grands supporters des principes de santé qu'il propose – merci pour votre enthousiasme et pour avoir rendu cette aventure encore plus réjouissante et complète.

Table des matières

Comment utiliser ce livre

Codes de couleurs des sections du livre

Idées pour vivre sainement

Des conseils importants et pratiques pour vous aider à perdre du poids

Des changements qui amélioreront votre santé

De précieuses informations sur la façon de réduire votre cholestérol, votre pression sanguine et votre taux de sucre.

Neuf suggestions de déjeuners

Tous les grands repas contiennent 370 calories
Tous les repas légers contiennent 250 calories

Dix suggestions de dîners

Tous les grands repas contiennent 520 calories
Tous les repas légers contiennent 400 calories

Trente et une suggestions de soupers

Tous les grands repas contiennent 730 calories
Tous les repas légers contiennent 550 calories

Quatre groupes de collations

Les collations à faible teneur en calories contiennent 20 calories ou moins
Les petites collations contiennent 50 calories
Les collations de grosseur moyenne contiennent 100 calories
Les grosses collations contiennent 200 calories

La santé au menu est un plan d'alimentation quotidien comprenant des repas et des collations totalisant 1200 à 2200 calories par jour. Votre total calorique dépendra de la grosseur de vos repas et de vos collations. Le livre contient des photos grandeur nature de tous les repas suggérés.

Première étape : Lisez la section «Idées pour vivre sainement»
Deuxième étape : Déterminez vos besoins caloriques quotidiens
   Suivez les règles générales
   Utilisez votre main comme unité de mesure
   Servez-vous du compteur de calories
Troisième étape : Choisissez votre plan d'alimentation
   Charte du plan d'alimentation quotidien
   Faites votre propre plan d'alimentation
Quatrième étape : Faites les plats et les recettes
Cinquième étape : Ajoutez de l'exercice physique quotidien

PREMIÈRE ÉTAPE
Lisez la section « Idées pour vivre sainement »

Les renseignements nutritionnels contenus dans ce livre s'appuient sur les recommandations du *Guide alimentaire canadien pour manger sainement* ainsi que sur *Les lignes directrices* de l'Association canadienne du diabète et Diabète Québec.

Voici les recommandations que l'on y trouve:

- choisissez chaque jour une variété d'aliments
- mangez avec modération
- prenez vos repas à des heures régulières
- consommez moins de gras
- mangez davantage de féculents, de fruits et de légumes
- mangez plus d'aliments riches en fibres
- faites-vous plaisir en mangeant bien et en faisant de l'exercice; vous vous sentirez bien dans votre peau.

DEUXIÈME ÉTAPE
Déterminez vos besoins caloriques quotidiens

Choisissez une des trois méthodes suivantes

Méthode 1 : Suivez les règles générales

Si vous tentez de perdre du poids, voici la règle générale :
- Les femmes devraient prendre de 1200 à 1800 calories par jour
- Les hommes devraient prendre de 1500 à 2200 calories par jour
- Utilisez la charte du plan d'alimentation quotidien (page 10) pour déterminer le vôtre.

Méthode 2 : Utilisez votre main comme unité de mesure

- Allez aux pages 96-97, à la photo grandeur nature du Dîner 1.
- Si la paume de votre main a la grandeur de 1 ½ poitrine de poulet et si votre poing a la grandeur d'environ 1 ½ patate, alors optez pour les grands repas.
- Si la grandeur de votre main se rapproche plus de la taille d'un morceau de poulet et d'une patate (voir photo ci-dessous), alors les repas légers seraient plus adéquats pour vous.
- Vous devriez inclure plusieurs collations dans votre régime quotidien. Mais si vous essayez de perdre du poids, vous aurez peut-être à choisir les petites collations ou les collations à faible teneur en calories.
- Avec le temps, selon que vous aurez perdu ou gagné du poids, vous pourrez ajuster la grosseur de vos portions et le nombre de collations.

Les portions devront être ajustées pour chaque membre de votre famille. Les petites portions devraient suffire à la plupart des enfants. Par contre, les enfants en pleine croissance et les adolescents peuvent avoir besoin de portions plus généreuses que les grosses portions et les grosses collations. Pour les enfants et adolescents, ajoutez une tasse de lait à chaque repas afin de combler leurs besoins en calcium.

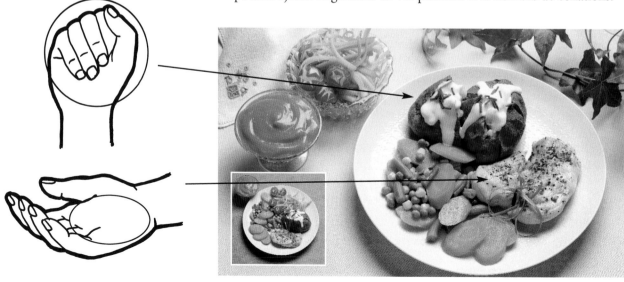

Méthode 3 : Servez-vous du compteur de calories

- Le compteur de calories calcule le nombre de calories nécessaires dans une journée pour maintenir votre poids actuel.
- Utilisez le compteur de calories sur le site Web www.mealsforgoodhealth.com.
- Ou encore, remplissez les cases ci-dessous pour calculer vos calories quotidiennes.
- Une fois le nombre de calories nécessaires déterminé, vous pouvez choisir votre plan d'alimentation. Voir troisième étape (page 10).

Pour perdre du poids

- Vous devez soustraire 300 à 500 calories de votre total quotidien.
- Une perte de poids lente et graduelle est recommandée. De cette façon, vous perdrez du gras, et non de la masse musculaire ou de l'eau. L'idéal serait de perdre 2-4 lb (1-2 kg) par mois.

Le compteur de calories est plus efficace pour les gens âgés de plus de 18 ans. Il tient compte de votre sexe, âge, grandeur et activité physique.

Il ne tient pas compte :
- *des variations dans votre métabolisme ;*
- *des différences dans la structure osseuse et musculaire ;*
- *des calories supplémentaires nécessaires pour les enfants en croissance et les adolescents, ou durant la grossesse et l'allaitement, ou pour les personnes pratiquant un entraînement physique intense.*

Compteur de calories (Inscrivez vos réponses dans les cases)

A. Commencez avec ce nombre
387 (femme)   864 (homme)

B. Multipliez votre âge par
7,31 (femme)   9,72 (homme)

C. Soustrayez la ligne B de la ligne A (N.B. Le résultat peut être négatif)

D. Multipliez votre poids en lb par
4,91 (femme)   6,39 (homme)

E. Multipliez votre taille en pouces par
16,78 (femme)   12,77 (homme)

F. Additionnez les lignes D et E

G. Inscrivez votre niveau d'activité physique quotidien
Sédentaire (aucune activité régulière) 1,0
Peu actif (jusqu'à ½ heure d'activité par jour)
1,14 (femme)   1,12 (homme)
Actif (30 à 60 minutes) 1,27
Très actif (plus d'une heure)
1,45 (femme)   1,54 (homme)

H. Multipliez les lignes F et G

I. Additionnez les lignes C et H. Vous obtenez ainsi votre total calorifique quotidien pour maintenir votre poids.

Adapté de « Dietary Reference Intakes », The Institute of Medicine, 2002.

TROISIÈME ÉTAPE
Choisissez votre plan d'alimentation

A. Charte du plan nutritionnel quotidien

• repas légers sans collation	1 200 calories
• repas légers avec deux petites collations	1 300 calories
• repas légers avec une petite collation et deux moyennes	1 450 calories
• repas légers avec une petite collation, une moyenne et une grosse	1 550 calories
• grands repas sans collation	1 620 calories
• grands repas avec deux petites collations	1 720 calories
• grands repas avec une petite collation et deux moyennes	1 870 calories
• grands repas avec une petite collation, une moyenne et une grosse	1 970 calories
• grands repas avec trois grosses collations	2 220 calories

Une fois que vous avez sélectionné votre plan d'alimentation, vous pouvez combiner vos plats sans jamais plus vous soucier des calories. Tout a été pensé pour vous.

B. Faites votre propre plan d'alimentation

Au lieu d'utiliser la charte, vous pouvez créer votre propre plan nutritionnel personnalisé. Vous pouvez combiner différente grosseurs de repas et de collations, selon votre horaire et votre style de vie. Par exemple :

Repas	Calories
Gros déjeuner	370
Petite collation	50
Petit dîner	400
Grosse collation	200
Gros souper	730
Collation moyenne	100
Nb total de calories	1850

Pour les repas légers

• le déjeuner contient 250 calories ;
• le dîner contient 400 calories ;
• le souper contient 550 calories.

Pour les grands repas

• le déjeuner contient 370 calories ;
• le dîner contient 520 calories ;
• le souper contient 730 calories.

Pour les collations

• une collation faible en calories contient 20 calories ou moins ;
• une collation légère contient 50 calories ;
• une collation moyenne contient 100 calories ;
• une grosse collation contient 200 calories.

QUATRIÈME ÉTAPE
Faites les plats et les recettes

Les 60 recettes du livre sont:

* faciles à faire;
* peu coûteuses et requièrent des ingrédients de tous les jours;
* faibles en gras;
* bonnes pour toute la famille;
* faciles à congeler.

Vérifier le nombre de portions de chaque recette. Certaines recettes peuvent nourrir jusqu'à six personnes. Si vous vivez seul, vous voudrez sûrement couper la recette en deux. Si vous cuisinez pour une famille nombreuse, vous pouvez doubler la recette. Vous pouvez conserver les restes en toute sécurité trois jours au réfrigérateur, ou les congeler pour les manger ultérieurement.

Mesurez vos verres et vos bols
Vos verres, ainsi que vos bols à céréales ou à soupe peuvent avoir des formes différentes que ceux montrés sur les photos de recettes. Remplissez une tasse à mesurer d'eau et verser l'eau dans vos verres et vos bols. Vous saurez alors quelle quantité ils peuvent contenir. En optant pour de plus petits verres et de plus petits bols, vous aurez plus de facilité à réduire vos portions.

CINQUIÈME ÉTAPE
Ajoutez de l'exercice physique quotidien

Il est important de demeurer actif. Les experts recommandent 30 minutes d'exercice par jour (ou 45 à 60 minutes, 4 fois par semaine). La marche, le vélo ou la natation, entre autres, sont conseillés. Voir les pages 41 à 43 pour plus de renseigments sur la façon de demeurer actif.

*Idées
pour vivre
sainement*

Changez vos habitudes

Il vous faudra du temps pour modifier votre alimentation. Le principal changement sera de manger moins. C'est vrai que l'on fait de l'embonpoint parce que l'on mange trop et que l'on ne fait pas assez d'exercice.

Certaines personnes me disent parfois qu'elles ne mangent pas beaucoup. Mais si on mange autant que lorsqu'on avait 10 ans de moins et qu'on prend du poids, c'est donc qu'on mange trop. Avec l'âge, on a besoin de moins manger, car le corps fonctionne plus lentement et est moins actif.

Lorsqu'on mange plus que ce dont le corps a besoin, ce surplus de nourriture se transforme en graisse. Peu importe que cet excédent soit de la viande, du pain, des biscuits ou du beurre, il deviendra de la graisse.

Voici quelques trucs pour vous aider à perdre du poids et à améliorer votre état de santé.

Déjeunez le matin

Déjeunez-vous le matin? Beaucoup de gens qui viennent me consulter ne déjeunent pas. Ils disent qu'ils n'ont pas faim le matin et qu'ils ne veulent pas de calories supplémentaires. En fait, ils n'ont pas faim parce qu'ils prennent un gros souper et collationnent trop dans la soirée. Le matin, leur estomac est encore plein.

Après avoir déjeuné, même si vous avez seulement mangé un fruit ou une rôtie, vous aurez plus d'énergie. Votre corps commence à travailler et à brûler les graisses. Si vous absorbez trop de calories le soir, alors que vous bougez peu, votre corps va emmagasiner le gras.

Je vous suggère deux changements: commencez la journée par un repas léger et mangez moins le soir.

Buvez de l'eau

Je conseille à tout le monde de boire de l'eau. L'eau est bonne pour la santé et ne contient pas de calories. Elle aide à remplir l'estomac. C'est un élément tellement important pour perdre du poids que j'ai écrit un chapitre complet à ce sujet.

Faites le plein de fruits et de légumes

Ils sont naturellement faibles en matières grasses et riches en fibres, en vitamines et en minéraux. Si vous en mangez davantage, vous trouverez plus facile de diminuer votre consommation de viande, de matières grasses, de desserts et d'aliments à grignoter riches en gras.

Mangez lentement

Il nous arrive tous de manger trop vite et d'avoir ensuite l'estomac gonflé. Mangez lentement et savourez chaque bouchée.

Divisez votre assiette

Légumes

Essayez d'inclure deux légumes pour l'équivalent de la moitié de votre assiette.

Protéines

Le quart de votre assiette devrait contenir les protéines soit de la viande rouge, du poulet, du poisson ou des légumineuses.

Féculents

Le dernier quart de votre assiette devrait contenir les féculents comme des pommes de terre, du riz ou du pain.

Gardez les restes pour un autre repas

Ma grand-mère disait autrefois qu'elle avait pris du poids parce qu'elle se sentait coupable de «gaspiller de la nourriture».

Brossez-vous les dents

Brossez-vous les dents après un repas ou une collation. Cela pourrait vous aider à ressentir la faim moins rapidement. Je trouve que c'est un bon moyen d'arrêter de manger le soir.

Faites votre épicerie après avoir mangé

Si je vais à l'épicerie et que j'ai faim, je me laisse facilement tenter par les gâteaux et les friandises. J'essaie donc de faire mon épicerie après avoir mangé. Ainsi, j'arrive mieux à me maîtriser et à éviter les collations et les desserts à haute teneur en gras. Ça marche, essayez-le!

Limitez les repas au restaurant

Je vous suggère de limiter les repas au restaurant. Les plats que l'on y sert ont l'air délicieux, mais ils sont souvent riches en gras et en sucre.

Ne vous pesez pas plus d'une fois par mois

En effet, le poids de notre corps augmente ou diminue chaque jour de 1 ou 2 lb (0,5 ou 1 kg); ce n'est donc pas une bonne idée de se peser tous les jours. Si vous vous pesez une fois par mois, vous allez remarquer une baisse graduelle de votre poids. Si vous perdez 1 ou 2 lb (0,5 ou 1 kg) par mois, c'est bien, parce que ce poids est vraiment perdu.

Si vous n'avez pas de pèse-personne, demandez à votre médecin, diététiste ou professionnel de la santé de vous peser au moins une fois par an.

Si vous avez un excédent de poids de plus de 40 ou 50 lb (18 ou 23 kg), il vous a probablement fallu 10 ans ou plus pour gagner ce poids. Attendez-vous à perdre du poids lentement. Pour n'importe quelle personne, la perte de 10 lb (4,5 kg) en un an est un énorme succès.

Adonnez-vous à la marche

La marche vous aidera à vous sentir mieux et à perdre du poids.

> *Essayez d'apporter ces petits changements. C'est un bon point de départ pour perdre du poids. Poursuivez votre lecture et vous en apprendrez davantage sur d'autres façons de vivre sainement, et vous pourrez les adopter quand bon vous semblera.*

Mangez moins de gras

Une des meilleures choses que vous puissiez faire pour votre cœur et pour diminuer les risques de développer certains types de cancers est de consommer moins de gras. Il faut particulièrement éviter les gras saturés (gras d'origine animal) et les gras trans. Si vous voulez perdre du poids, il vous faudra également consommer moins de gras.

Cependant, plusieurs types de gras, que l'on retrouve dans une variété d'aliments, sont bons pour la santé. Pour rendre le tout plus clair, j'ai divisé les gras en trois catégories : les mauvais gras, les bons gras et les meilleurs gras.

Les mauvais gras

Ces gras doivent être consommés avec modération.

Les gras saturés, que l'on trouve dans :
- le lard, le beurre, la sauce brune ;
- les viandes telles que le bœuf, le porc, l'agneau, le poulet et la dinde ;
- les viandes traitées telles que le bacon, le salami, les saucisses, le pâté de foie et les viandes en conserve ;
- les œufs, les fromages à pâte dure à haute teneur en gras, le fromage cottage, le fromage à la crème, la crème, la crème sure riche en gras et le lait entier ou partiellement écrémé ;
- la crème glacée, le chocolat, les biscuits et les pâtisseries ;
- les aliments frits et la cuisine-minute telle que les frites, le poulet frit, les hamburgers et les hot-dogs ;
- la noix de coco, l'huile de noix de coco, et l'huile de palmier.

Le cholestérol, que l'on trouve dans :
- la plupart des produits d'origine animale énumérés ci-dessus ;
- le foie et autres abats.

Les gras trans sont produits par l'homme à partir de l'huile végétale et on les trouve dans :
- le shortening, la margarine dure et la margarine hydrogénée ;
- les aliments traités avec des gras hydrogénés ou partiellement hydrogénés tels que les frites, les croustilles, le pop-corn au micro-ondes, le beurre d'arachide, les craquelins, les biscuits et les pâtisseries telles que les beignets ;
- on trouve aussi des gras trans produits naturellement, en plus petite quantité, dans les aliments d'origine animale tels que le bœuf, les saucisses, le beurre, et le gras du lait.

Sur les étiquettes, la présence de gras trans est aussi indiquée par les inscriptions suivantes :
- *« huile végétale hydrogénée »*
- *« huile de palme hydrogénée »*
- *« partiellement hydrogéné »*
- *« shortening végétal »*

La modération et le contrôle des portions est le meilleur dicton pour la santé

Dans La santé au menu, *les plats contenant une plus forte proportion de gras saturés, trans ou de cholestérol sont suggérés en portions et fréquences limitées, pour que votre consommation totale soit raisonnable. Par exemple, le plan d'alimentation encourage :*

- *des portions réduites de viandes et autres protéines ;*
- *des produits laitiers réduits en gras tel que le lait écrémé ;*
- *des petites portions de desserts et de collations ;*
- *des quantités limitées de garniture, que ce soit de la margarine, du beurre ou de la mayonnaise.*

Les bons gras

Les gras monoinsaturés et polyinsaturés oméga-6 que l'on trouve dans :

- les huiles végétales telles que l'huile de canola, de maïs, d'olive, d'arachide, de carthame, de tournesol et de lin ;
- la margarine non hydrogénée ou les vinaigrettes composées des huiles mentionnées ci-dessus ;
- les avocats, olives et huiles d'olive, qui sont riches en gras monoinsaturés. Ces gras aident à réduire le cholestérol sanguin ;
- les noix telles que les amandes, les noisettes, les pacanes, les arachides, les pistaches ;
- les graines telles que les graines de tournesol, de sésame et de lin.

Les meilleurs gras

Les gras polyinsaturés oméga-3 sont bons pour le cerveau et les yeux. Les recherches démontrent qu'ils pourraient réduire les risques de crises cardiaques en diminuant les triglycérides (gras sanguin) et en prévenant la formation de caillots.

Le poisson, et particulièrement celui des mers froides, constitue la meilleure source de gras oméga-3. Le poisson peut aussi contenir un peu de gras oméga-6, de gras monoinsaturé ou, en plus petite quantité, de gras saturé. C'est un aliment riche en sélénium et en vitamines B et D. Je recommande donc d'inclure le poisson dans votre régime. Par contre, à cause de la pollution, vous devriez consulter votre médecin avant d'en consommer de façon régulière si vous êtes enceinte.

Les gras polyinsaturés oméga-3 que l'on trouve dans :

- les sardines, le saumon, la truite, la perche, le maquereau, le hareng, les anchois, l'esturgeon, le flétan et le thon ;
- les crustacés tels que les crevettes, le homard, les moules, les huîtres, le crabe des neiges ;
- les graines de lin et l'huile de lin, les graines de citrouille ;
- l'huile de canola non hydrogénée et l'huile de soya, ou les margarines et vinaigrettes produites à partir de ces huiles ;
- les noix ;
- les œufs (dans les œufs enrichis en oméga-3, les poules ont été généralement nourries avec des graines de lin) ;
- le lait enrichi en oméga-3 ;
- les graines de soya, les fèves de soya, la farine de soya ou les germes de blé ;
- le pourpier, *Portulaca oleracea*; cette plante est connue comme une herbe de jardin, mais elle est néanmoins une source d'acides gras oméga-3.

Façons d'inclure des gras polyinsaturés et monoinsaturés dans vos repas et collations :

- *Le dîner 4 et le souper 29 comprennent des olives. Comme une olive ne contient que 7 à 10 calories, elles constituent une collation à faible teneur en calories.*
- *Des graines et des noix comme collation. Comme alternative à la viande, utilisez des amandes dans le sauté du souper 27 ou des graines de tournesol dans le hamburger du souper 22.*
- *Les dîners à base de poisson, comme les dîners 3, 5 et 23.*
- *Des sardines sur des craquelins, du hareng sur du pain pumpernickel ou 12 noix, ou encore une moitié d'avocat. Voir la section sur les grosses collations.*
- *Les crevettes géantes, dans la section des collations de grosseur moyenne.*
- *Les graines de lin : Ajoutez 1 à 2 c. à thé (seulement 12 calories par c. à thé) quotidiennement sur votre gruau, vos crêpes, votre pâte à muffins, vos céréales, salades, soupes ou ragoûts.*
- *Le pourpier agrémentera vos salades vertes et vos soupes.*

19

Visite à l'épicerie: la chasse aux gras cachés

- Sur les étiquettes, on trouve parfois au tableau d'information nutritionnelle la quantité de matières grasses, indiquée en grammes. Cinq grammes (5 g) de gras équivalent à 1 c. à thé (5 ml) de gras. Sur une boîte de craquelins, la grosseur des portions varie. Si une portion de trois à cinq craquelins contient 5 g de gras, en mangeant ces craquelins, c'est comme si vous mangiez une pleine cuillerée à thé (5 ml) de gras. Cela représente beaucoup de gras caché. Une portion de trois à cinq craquelins avec 2 g de gras ou moins serait un meilleur choix.

- Les aliments dits «légers» peuvent contenir moins de gras que les marques ordinaires. Comparez les étiquettes et achetez le produit qui contient le moins de gras. Par exemple, le chocolat chaud *léger* contient moins de gras et moins de sucre que le chocolat chaud ordinaire. Attention cependant, la mention «léger» sur un produit peut simplement vouloir dire qu'il est de couleur ou de texture claire. Alors, il faut lire l'étiquette avant d'acheter.

- Les aliments *faibles en gras* sont habituellement de bons choix, car ils contiennent moins de graisses végétales et animales que les marques ordinaires. Une portion d'aliments faibles en gras doit contenir moins de $1/2$ c. à thé (3 g) de gras environ. Choisissez la mayonnaise, la margarine et le fromage faibles en gras.

- Les aliments à *teneur réduite en calories* sont également de bons choix, parce qu'ils contiennent moins de calories que les marques ordinaires. Ils contiennent souvent moins de gras et parfois moins de sucre.

- Une c. à soupe (15 ml) de vinaigrette *sans gras* ou *sans huile* ou encore de crème sure *sans gras* contient très peu de gras et très peu de calories. Ce sont de bons choix.

- Lorsque sur une étiquette apparaît la mention *sans cholestérol*, l'aliment est faible en cholestérol et en graisses animales (graisses saturées), mais il peut néanmoins contenir beaucoup de graisses végétales, de gras hydrogénés (trans) et de calories. Par exemple, les frites congelées *sans cholestérol* sont faites avec de l'huile végétale. Souvenez-vous, les graisses animales et végétales ont la même quantité élevée de calories.

Comparez les étiquettes et choisissez les aliments qui sont:
- *légers;*
- *faibles en gras;*
- *à teneur réduite en calories;*
- *sans gras*

Un aliment qui contient moins de 10 calories par portion est si peu calorique qu'il n'aura pas d'effet sur votre poids.

- Voyons maintenant la quantité de gras que le lait contient et quel est le meilleur lait pour les adultes. Dans le lait entier, la moitié des calories proviennent du gras. C'est trop. Dans le lait 2%, il y a moins de gras que dans le lait entier. Dans le lait 1%, il reste encore un quart des calories qui viennent du gras. Le lait écrémé ne contient pas de gras, c'est donc le meilleur choix pour la plupart des adultes. Il faut peut-être un certain temps pour s'habituer au goût du lait écrémé, mais c'est une boisson rafraîchissante.

- Portez attention aussi aux viandes froides comme le salami, le saucisson de Bologne, les saucisses et le bacon. Ces viandes contiennent beaucoup de gras. Essayez d'en acheter moins et choisissez plutôt des tranches de jambon, de poulet, de dinde ou de rôti de bœuf maigres. Dans ce livre, il y a quelques repas comprenant des viandes grasses comme des saucisses, mais vous verrez que les portions sont petites.

- Finalement, nous vérifions la quantité de gras et de sucre dans les biscuits, les gâteaux et les aliments à grignoter. Il existe de nombreux craquelins faibles en gras comme les biscuits soda, les biscottes Melba ou les galettes de riz. Vous devriez également pouvoir trouver des aliments à grignoter cuits au four sans gras ajouté, comme les croustilles de maïs. Ce sont de bons choix.

  Tous les biscuits et les gâteaux contiennent du gras et du sucre, mais les biscuits à l'arrowroot, les biscuits pour le thé, les sablés et le gâteau des anges sont moins riches en gras que les autres.

  Sur certains biscuits ou tablettes de chocolat, on trouve l'indication *à teneur réduite en glucides* ou *sans sucre*. Ces aliments peuvent toutefois contenir des édulcorants comme le sorbitol, ainsi qu'une quantité élevée de gras ajouté.

- Vérifiez la liste des ingrédients sur les produits. Les premiers ingrédients sur la liste sont toujours les principaux ingrédients. Par exemple, si sur la liste apparaît d'abord «huile végétale ou de palme», vous devez savoir que l'aliment est riche en gras. Si le premier ingrédient est le sucre, le miel ou le glucose, cela signifie que le produit contient beaucoup de sucre.

Note : sur une étiquette, la mention % M.G. (pourcentage de matières grasses) indique la quantité de matières grasses dans un produit comme le lait ou le fromage. Choisissez celui qui contient le plus faible pourcentage de matières grasses.

Je vous suggère d'éviter les rayons des pâtisseries, des croustilles et des biscuits lorsque vous allez à l'épicerie.

Voici d'autres trucs pour vous aider à manger moins de gras

Ajoutez moins de gras à vos aliments

Avant d'ajouter du beurre, de la margarine, de la mayonnaise, de la crème ou de la sauce, demandez-vous si vous en avez vraiment besoin. Essayez d'en manger moins. Pour une garniture ou une tartinade, utilisez une petite quantité de produits faibles en gras ou sans gras.

Enlevez le gras et la peau des viandes

Enlevez le gras visible de la viande et la peau du poulet, de la dinde ou du poisson avant la cuisson. En effet, le poulet et le poisson qu'on mange avec la peau sont presque aussi gras que les viandes rouges.

Cuisinez sans ajouter de gras

De nombreux aliments peuvent être cuits sans gras. On peut les faire bouillir, griller, cuire à la vapeur ou au barbecue. Essayez le poisson à la vapeur, les saucisses ou le poulet grillés ou des épis de maïs au barbecue. Si vous souhaitez de temps en temps faire frire vos aliments, utilisez une poêle anti-adhésive et n'ajoutez pas de gras. Vous pouvez les faire cuire dans une poêle épaisse avec un peu d'eau ou de bouillon ou utiliser un enduit anti-adhésif en vaporisateur pour éviter que la nourriture n'adhère à la poêle.

Mangez de plus petites portions de viande, de poulet et de poisson

Maintenant que vous mangez moins de gras, il faudrait manger de plus petites portions de viande, de poulet et de poisson, car même s'ils sont maigres, ils contiennent néanmoins des gras cachés.

Donnez du goût à vos légumes par d'autres moyens

Faites cuire légèrement les légumes pour qu'ils aient plus de goût. Plutôt que d'utiliser du beurre ou de la margarine, ajoutez-y du jus de citron et des épices. Vous pouvez également les saupoudrer d'aneth, de persil, de poivre ou d'ail.

Mettez moins de gras dans vos sandwiches

Tartinez vos sandwiches d'un tout petit peu de salsa, de moutarde, de relish ou de mayonnaise légère.

Félicitations! Vous consommez maintenant beaucoup moins de gras.

Trucs pour une cuisine minceur

Diminuez de moitié les quantités de gras indiquées dans les recettes de gâteaux et de muffins. Pour qu'ils demeurent moelleux, ajoutez-y un peu de lait écrémé, de yogourt ou de compote de pommes, comme dans la recette de muffins à la page 64.

Le poisson est la meilleure source d'acides gras oméga-3

Ajoutez du poisson à votre régime alimentaire. Rappelez-vous que le meilleur régime pour la prévention de maladies consiste à manger moins gras et à faire plus d'exercice. Vous pouvez manger des « bons » gras dans un régime alimentaire équilibré en suivant le plan d'alimentation de La santé au menu.

Vous utilisez le beurre ou la margarine?

Plusieurs personnes me confient qu'elles n'utilisent que de l'huile végétale à 100 % ou de la margarine sans cholestérol ou gras trans. Ces choix sont excellents.

Le gras végétal contient le même nombre de calories que le beurre ou le lard, qui sont des gras d'origine animale. Le gras fait engraisser, qu'il soit d'origine végétale ou animale. Nous devons tenter de réduire notre consommation de gras de toutes sortes.

Nombreux sont ceux qui croient que le pain et les pommes de terre font engraisser, alors ils réduisent leur consommation. En fait, c'est le gras que l'on ajoute sur le pain ou les pommes de terre qui fait engraisser. Par exemple:
- la margarine que l'on tartine sur notre pain;
- le beurre ou la crème sure que l'on ajoute sur les pommes de terre au four;
- l'huile dans les frites ou les croustilles.

Réduire ces gras est un meilleur choix pour la santé. Incorporez une petite pomme de terre ou une de grosseur moyenne à un repas équilibré, accompagnée d'un soupçon seulement de crème sure, et d'oignons verts pour rehausser le goût.

Choisissez parmi les repas et collations suggérés dans ce livre, et vous aurez une quantité adéquate de gras et autres nutriments – résistez à la tentation d'ajouter beaucoup de beurre ou de margarine à vos plats.

> *La margarine contient environ le même nombre de calories que le beurre.*

Quelle quantité de gras devriez-vous consommer à chaque repas?

- La quantité de gras ajoutée ne devrait pas dépasser la grosseur du bout de votre pouce (1 à 2 c. à thé).
- Cela inclut le gras utilisé durant la cuisson et à table.

Céréales et féculents

Mangez plus de féculents

Les féculents constituent l'alimentation de base de la plupart des êtres humains. Le blé, l'avoine, le maïs, le riz, les pommes de terre, les lentilles, les haricots et le manioc en sont de bons exemples. On trouve ces produits dans les céréales pour le déjeuner ou dans la farine servant à faire du pain, des pitas, des tortillas, des pâtes alimentaires, du pain bannock et des chapatis.

Les féculents donnent de l'énergie, tout en étant faibles en gras et bon marché. Ils sont nourrissants et apportent vitamines et minéraux à notre alimentation. L'énergie obtenue dans les féculents est la meilleure source d'énergie pour le cerveau, les muscles et les nerfs.

Bon nombre de féculents, comme le pain de blé entier ou le pain de seigle, ont également une forte teneur en fibres. Les fibres sont un laxatif naturel. Dans la farine blanche, par contre, une grande partie des fibres a été enlevée.

L'alimentation des Nord-Américains a changé depuis un siècle. Nous mangeons aujourd'hui moins de féculents et plus de viande et d'aliments transformés auxquels on a ajouté des matières grasses, du sucre et du sel. Nous souffrons de maladies qui sont directement liées à notre alimentation trop riche en gras, comme le diabète, les maladies du cœur et le cancer.

Pour maigrir, il faut manger moins gras, donc moins de viande et moins de gras ajouté. Il faut commencer à garnir notre assiette de plus de féculents et de légumes.

Vous verrez que tous les repas qui figurent dans *La santé au menu* contiennent des céréales ou autres féculents, avec peu ou pas de gras ajouté.

Les céréales et autres féculents;
- *vous donnent de l'énergie;*
- *sont faibles en gras;*
- *sont nourrissants;*
- *contiennent des fibres;*
- *contiennent des vitamines et des minéraux.*

Quelle quantité de féculents devriez-vous consommer à chaque repas?

- Chaque repas devrait contenir une portion de féculents.
- Un plat principal devrait contenir une quantité de féculents équivalente à la grosseur de votre poing.

25

Les fruits et légumes

Faites le plein de fruits et de légumes

Les fruits et les légumes vous donnent de l'énergie et sont faibles en gras. Tout comme les produits céréaliers, ils vous fournissent des vitamines, des minéraux et des fibres. De plus, ils aident à prévenir certains types de cancer.

Les fruits et les légumes frais ou congelés sont le meilleur choix. Vérifiez les étiquettes et choisissez les légumes congelés qui n'ont pas de sel, de matières grasses ni de sucre ajoutés.

Les fruits en conserve dans de l'eau ou du jus sont meilleurs que les fruits dans le sirop. Égouttez le jus. Les légumes en conserve contiennent habituellement du sel et parfois du sucre ajouté. Mangez-en moins souvent.

Vous serez peut-être surpris d'apprendre que les jus de fruits «sans sucre» contiennent du sucre. Une tasse (250 ml) de jus de pomme, d'orange ou de pamplemousse sans sucre ajouté contient de 6 à 7 c. à thé (30 à 35 ml) de sucre naturel. Le jus de raisin et le jus de pruneaux contiennent presque 10 c. à thé (50 ml) de sucre par tasse. Puisque le jus de fruits contient moins de fibres et n'est pas aussi nourrissant que les fruits frais, il est facile d'en boire trop. Si vous buvez beaucoup de jus, il vous sera difficile de perdre du poids.

Les jus de légumes comme le jus de tomate contiennent moins de sucre que les jus de fruits. C'est pourquoi *La santé au menu* vous recommande d'en prendre un petit verre dans plusieurs de ses repas. Si vous avez soif, buvez de l'eau plutôt que du jus.

Les fruits secs contiennent plus de sucre que les fruits frais, car ils sont déshydratés. Par exemple, 2 c. à thé (10 ml) de raisins secs contiennent 4 c. à thé (20 ml) de sucre, soit à peu près la même quantité que dans ½ tasse (125 ml) de raisins.

Plusieurs des dîners et des soupers présentés dans *La santé au menu* comportent au moins deux types de légumes. C'est peut-être davantage que ce que vous avez l'habitude de manger. C'est un grand changement. La plupart des déjeuners et des desserts de cet ouvrage contiennent des fruits. Les fruits constituent souvent les desserts des dîners et soupers proposés.

Entre les repas, il vaut mieux manger un légume ou un fruit que grignoter des aliments riches en gras ou manger un dessert. Les féculents faibles en gras font également de bonnes collations.

Les avocats et les olives sont deux fruits qui contiennent peu de sucre naturel, mais beaucoup de gras monoinsaturés.

Quelle quantité de fruits et légumes devriez-vous con-sommer ?

- *Chaque déjeuner devrait inclure un fruit.*
- *Vos dîners et vos soupers devraient comprendre au moins deux portions de légumes, et un fruit si vous le désirez.*
- *Optez pour un fruit ou un légume comme collation.*

Collez vos deux mains l'une contre l'autre (voir ci-dessous). Remplissez-les de légumes et de fruits, et vous aurez une portion quotidienne adéquate.

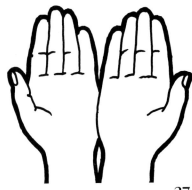

Choisissez des produits laitiers et des aliments riches en calcium

Le calcium est un minéral qui renforce les os et les dents. On le trouve dans le lait et les produits laitiers comme le yogourt et le fromage ainsi que dans les haricots secs, quelques légumes et les arêtes de poisson.

Les nourrissons et les enfants ont besoin de beaucoup de calcium pendant leur croissance pour fortifier leurs os et leurs dents. Bien des gens pensent que seuls les enfants doivent consommer du lait et des produits laitiers. Toutefois, nous avons besoin de calcium pendant toute notre vie afin de conserver nos os en santé.

Le lait vous donne mal à l'estomac? C'est peut-être que vous ne digérez pas le sucre naturel (lactose) contenu dans le lait. Il se peut que vous ne puissiez consommer que de petites quantités de lait ou de produits faits avec du lait, comme le yogourt ou le fromage. Vous pouvez aussi boire du lait écrémé à teneur réduite en lactose.

Vous pouvez également obtenir votre apport quotidien de calcium dans d'autres aliments, tels que :
- le tofu avec supplément de calcium ;
- les boissons de soya, de riz, ou les jus de fruits avec supplément de calcium ;
- les boissons laitières enrichies de calcium ;
- les haricots, comme dans les « fèves au lard » ;
- les graines et les noix, comme les amandes et les graines de sésame ;
- les arêtes de poisson, comme dans le saumon en conserve ;
- les légumes vert foncé et les légumes en feuilles, comme le brocoli, les choux de Bruxelles, l'okra, le chou frisé et le chou de Chine ;
- quelques fruits comme les figues séchées et les oranges.

Choisissez des produits riches en calcium et faibles en gras, tels que :
- le lait et le yogourt (écrémés ou 1 %), ainsi que le fromage ayant moins de 20 % de matières grasses ;
- le lait écrémé en poudre ;
- le saumon en conserve dans l'eau (pas dans l'huile) ;
- le lait de soya faible en gras (certains contiennent du sucre ajouté) ;
- les légumes vert foncé, les légumes en feuilles et les haricots, qui sont naturellement faibles en gras.

Les graines, les noix et le tofu contiennent du gras d'origine végétale; on peut en consommer selon les quantités indiquées dans *La santé au menu*.

La plupart des repas proposés dans *La santé au menu* comportent au moins un aliment riche en calcium. Ajoutez une portion par jour pour répondre aux nouvelles recommandations.

On trouve du calcium dans le lait et les produits laitiers.

Le calcium est aussi important pour les adultes que pour les enfants.

Quelle quantité de produits laitiers et d'aliments riches en calcium devriez-vous consommer ?

- À chaque repas, incluez 1 ou 2 portions d'aliments riches en calcium mais faibles en gras.
- Pour une portion, prenez ½ à 1 tasse (125 à 250 ml) de lait ou de yogourt, un bol d'un légume tel que le chou ou un morceau de fromage, de noix ou de tofu de la grosseur d'un pouce.

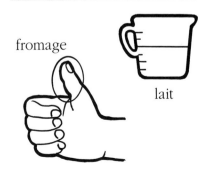

fromage

lait

Les viandes et autres protéines

Consommez la bonne quantité de protéines

Pour être en bonne santé, il est important de consommer des protéines. Toutefois, nous n'avons besoin que d'une petite quantité de protéines chaque jour. Dans les photos de repas de *La santé au menu*, on voit quelle quantité de protéines il faut consommer. Les repas dans ce livre vous montrent la quantité adéquate de protéines à consommer.

On trouve des protéines dans les aliments d'origine animale comme la viande, les œufs et le lait. Il y en a également dans les noix, les graines et bien des légumes et des céréales. J'ai inclus une variété de protéines végétales et animales dans les repas.

Les protéines végétales
Les haricots blancs, les haricots rouges, les pois chiches et les pois secs contiennent des protéines végétales faibles en gras. Le tofu est fabriqué avec des fèves soya et peut remplacer la viande. On trouve des protéines végétales en petite quantité dans le pain de blé entier et le gruau.

Les noix, dont les arachides et le beurre d'arachide, et les graines, telles que les graines de tournesol, contiennent des protéines végétales à forte teneur en gras. On peut quand même en manger, mais en quantité raisonnable.

Les protéines animales
La viande rouge maigre est un bon choix pour obtenir des protéines animales faibles en gras: viande hachée maigre, rôti de ronde ou steaks (dont l'excédent de gras a été coupé), longe d'agneau ou côtelettes de porc, chevreuil et lapin. Le poulet et la dinde sont de bonnes sources de protéines, mais n'oubliez pas d'enlever la peau.

Les œufs sont aussi une bonne source de protéines. Saviez-vous que même avec un taux de cholestérol élevé, vous pouvez manger sans problème trois œufs par semaine? Pour réduire votre taux de cholestérol, il existe d'autres moyens (voir page 44).

La plupart des poissons sans peau contiennent moins de gras que la viande rouge. Les poissons maigres sont le brochet, le doré, le sébaste, le vivaneau, la morue, l'aiglefin et la sole. Le thon, le saumon rose et les sardines en conserve dans l'eau sont aussi de bons choix. Les crevettes et le homard sont également faibles en gras. Le tassergal est moyennement riche en gras. Les poissons plus gras sont la truite et le saumon rouge. Consommez-les en plus petites quantités. Essayez de manger du poisson au moins une fois par semaine.

Vous n'avez besoin que d'une petite quantité de protéines chaque jour.

Quelle quantité de protéines devriez-vous consommer?

- Votre source de protéines devrait être de la taille de la paume de votre main.
- Pour les femmes, cette quantité devrait équivaloir à 3-5 oz de viande cuite et pour les hommes, 4-7 oz.

Pour un régime santé, intégrez le poisson à votre alimentation.

31

Mangez des aliments riches en fibres

Les fibres alimentaires : un bon choix

Voici des moyens naturels de favoriser la régularité intestinale : il faut consommer des aliments à haute teneur en fibres, boire beaucoup d'eau et faire de l'exercice. Les fibres sont également importantes si vous avez le diabète ou une maladie de cœur, et pour aider à prévenir certains types de cancer.

Je demande parfois à mes clients s'ils sont souvent constipés. Il s'agit d'une question personnelle, mais qui en dit long sur l'alimentation d'un individu. Le fait d'aller régulièrement à la selle dépend beaucoup de ce que l'on mange. Habituellement, les personnes qui consomment beaucoup de féculents à haute teneur en fibres, de fruits et de légumes ne sont pas constipées.

Si vous souffrez parfois de constipation, sachez que vous n'avez pas besoin de laxatifs. Mais si vous en prenez souvent ou depuis longtemps, vous avez peut-être les intestins paresseux.

Commencez par manger plus d'aliments riches en fibres. Intégrez-les progressivement à votre alimentation pour ne pas avoir de crampes d'estomac ni de gaz. Buvez beaucoup d'eau. Faites de la marche. Les muscles intestinaux vont se renforcer et recommencer à travailler normalement. À mesure que vous apportez ces changements au cours des prochains mois, il est probable que nous n'aurez plus besoin de laxatifs.

En combinant les repas et les collations suggérés dans *La santé au menu*, vous consommerez la quantité de fibres indiquée pour la plupart des adultes (20-35 g par jour) ou plus. Pour accroître la variété des menus, quelques choix faibles en fibres ont été inclus dans le livre, tels que le pain blanc, mais ils sont accompagnés de choix riches en fibres dans la même assiette. Vous atteindrez aussi un bon équilibre entre les fibres solubles (comme dans les flocons d'avoine, les fèves, les légumes et certains fruits) et les fibres insolubles (que l'on trouve dans les flocons de blé, les fruits et les légumes). Les fibres solubles réduisent la vitesse avec laquelle les sucres sont absorbés dans le flux sanguin. Les fibres insolubles atténuent les problèmes de constipation et peuvent aider à la prévention des certaines maladies intestinales. Les deux types de fibres sont utiles à la perte de poids, puisqu'ils rendent vos repas plus consistants et vous donnent la sensation d'être rassasié.

On trouve des fibres dans :
- *les féculents ;*
- *les légumes ;*
- *les fruits.*

Vos fonctions intestinales peuvent être régulières sans l'utilisation de laxatifs.

Voici quelques trucs pour prévenir la constipation :
- *mangez des fibres ;*
- *faites de l'exercice ;*
- *buvez de l'eau.*

Pour en savoir plus sur les fibres, visitez le site diabete.qc.ca.

Buvez plus d'eau

Buvez huit verres d'eau par jour.

Les diététistes suggèrent de boire huit verres d'eau chaque jour, soit l'équivalent d'une bouteille de deux litres. Plusieurs personnes trouvent la majeure partie de l'eau qu'elles consomment chaque jour dans le café, le thé, les jus ou les boissons gazeuses. Mais notre corps n'a pas besoin de la caféine ou du sucre contenus dans ces boissons. Vous pouvez continuer à boire du café, du thé ou des boissons gazeuses *diète,* mais buvez aussi beaucoup d'eau. C'est le meilleur choix sans calories.

Il faut prendre l'habitude de boire régulièrement de l'eau. L'eau favorise la régularité intestinale et étanche la soif quand on fait de l'exercice.

Voici quelques trucs pour vous aider à boire de l'eau.

Pour ne rien oublier

Souvent, on oublie tout simplement de boire. Si vous aimez l'eau fraîche, conservez une bouteille ou une carafe d'eau dans votre réfrigérateur. Gardez un verre sur la table. Lorsque vous verrez la carafe ou le verre, vous penserez à boire.

Buvez le matin

Nous avons naturellement soif au réveil. Buvez dès que vous vous levez.

Buvez de l'eau lors des repas

Prenez l'habitude de prendre un verre d'eau ou plus lors de vos repas ou collations. Ajoutez-y une tranche de citron pour lui donner un goût rafraîchissant.

Buvez de l'eau chaque fois que vous avez faim

L'eau remplit l'estomac et vous donne l'impression d'être rassasié, donc vous mangez moins.

L'eau est source de vie. Vivifiez votre corps!

Pour obtenir les minéraux et vitamines dont vous avez besoin

Tous les aliments contiennent des vitamines et des minéraux et parfois, il y en a d'ajoutés à plusieurs aliments comme le pain, les céréales et le lait. En mangeant des aliments sains et variés, tel que démontré dans ce livre, vous fournirez à votre corps tous les minéraux et vitamines dont il a besoin. Ces aliments vous permettront de rester en bonne santé et de réduire les risques de maladie.

Pour rester en bonne santé, il suffit d'un tout petit peu de vitamines et de minéraux. Par exemple, on a besoin de 70 à 90 mg de vitamine C chaque jour, ce que renferme une grosse orange. Si vous prenez en plus un comprimé de 1 000 mg (soit 1 g) de vitamine C chaque jour, les reins doivent travailler davantage pour éliminer la vitamine C en trop.

Notre corps est bien fait: il emmagasine les vitamines et les minéraux dont nous avons besoin. Par exemple, la vitamine A est principalement emmagasinée dans notre foie et le fer, dans notre foie, notre moelle, notre rate et nos muscles. Si vous prenez des vitamines et des minéraux sous forme de comprimé, votre corps en aura peut-être trop.

Vous n'avez pas besoin de prendre de vitamines ou de minéraux en comprimés, à moins que ce ne soit sur ordonnance du médecin ou de votre diététiste. Dans ce cas, demandez à votre médecin pourquoi il vous en prescrit et pendant combien de temps vous devrez les prendre.

Tableau des nutriments et des menus
Pour chaque repas, vous trouverez un tableau contenant les informations nutritionnelles.

Achetez des aliments nutritifs plutôt que des vitamines et des minéraux en comprimés.

Quelques aliments, comme les boissons gazeuses et le café, contiennent peu de vitamines et de minéraux. Limitez votre consommation de tels aliments pauvres.

Vous voudriez savoir quelle quantité de vitamine C, de calcium, de fer ou d'autres nutriments vous avez besoin? Visitez le site mealsforgoodhealth.com.

Consommez moins de sucre, de sel et d'alcool

Réduisez votre consommation de sucre

On trouve le sucre à l'état naturel dans les fruits, les légumes et même le lait. Le sucre procure de l'énergie. L'amidon contenu dans le pain et les céréales se transforme en sucre pendant la digestion. Ces aliments contiennent aussi bien d'autres éléments nutritifs. Ces produits sont bons pour vous, à condition de respecter les quantités indiquées dans les repas et les collations.

Il faut limiter notre consommation de sucre concentré comme le sucre blanc, la cassonade, le sucre à glacer, le sirop de maïs, le sirop d'érable, la mélasse et le miel. Tous ces sucres se valent et nous apportent des «calories vides»; ils sont très peu nutritifs.

Du sucre a été ajouté à la plupart des aliments transformés. En fait, il est difficile de trouver un produit sans sucre. Si le sucre apparaît en premier sur l'étiquette, il s'agit du principal ingrédient du produit en question. Essayez de consommer moins d'aliments qui contiennent beaucoup de sucre.

Ce que vous buvez peut contenir une grande quantité de sucre. La liste des boissons riches en sucre inclut le lait au chocolat, le lait frappé, les boissons aux fruits, les jus de fruits et les boissons gazeuses. Une tasse de jus de fruits sans sucre ajouté ou une tasse de boisson gazeuse régulière contient environ 7 c. à thé de sucre. Optez plutôt pour de l'eau ou pour les boissons «diètes».

Vous verrez parfois des mots tels que sucrose, fructose, sorbitol et mannitol sur les étiquettes des produits alimentaires. Le sucrose et le fructose sont des sucres purs et sont riches en calories. Le sorbitol et le mannitol sont des types de sucre qui contiennent un peu moins de calories que le sucre de table et ils font monter le taux de sucre sanguin plus lentement.

Voyez les étiquettes des biscuits, des friandises et du chocolat fait avec du sorbitol; ces derniers sont souvent riches en calories. Ces produits ne sont pas faibles en calories. En fait, ils peuvent avoir une quantité de calories similaire à celle des biscuits, friandises et chocolat réguliers. Réduisez votre consommation de tous ces aliments.

La quantité de sucre varie selon les céréales.

Les flocons de son (Bran Flakes) contiennent peu de sucre ajouté – 1 c. à thé (5 ml) ou 4 g dans ³⁄₄ tasse (175 ml).

Les flocons de maïs givrés (Frosted Flakes) contiennent davantage de sucre – 3 c. à thé (15 ml) ou 12 g dans ³⁄₄ tasse (175 ml) de céréales.

*Le sucrose, le fructose, le sorbitol et le mannitol **ne sont pas** des édulcorants à faible teneur en calories.*

Les édulcorants hypocaloriques

Pour remplacer le sucre dans votre café, votre thé ou vos céréales, peut-être voudriez-vous essayer un édulcorant hypocalorique. Voici certaines des marques les plus répandues: Égal (NutraSuc), Splenda, Sugar Twin, Steevia et Sweet N'Low. Les édulcorants hypocaloriques contiennent beaucoup moins de sucre et de calories que le sucre ordinaire. Ainsi, trois ou quatre sachets par jour ne devraient pas avoir d'incidence sur votre poids ou sur votre taux de sucre sanguin. On trouve des édulcorants hypocaloriques dans les boissons gazeuses «diète», les poudings légers, la gélatine légère et la gomme sans sucre.

Une c. à thé (5 ml) de sucre a le même pouvoir sucrant que 1 c. à thé (5 ml) de Splenda ou que ½ c. à thé (2 ml) de Sugar Twin ou de Sweet N'Low. Si vous trouvez ces édulcorants trop sucrés, utilisez-en moins.

Le sucre ajouté dans les recettes et les repas

Dans certaines recettes de desserts proposées dans *La santé au menu*, on a utilisé du sucre pour remplacer le gras, car il compte moins de calories. On a aussi prévu de petites quantités de confiture ou de sirop dans certains déjeuners pour remplacer la margarine. Le sucre en petite quantité fait partie d'une alimentation saine, même pour les diabétiques (voir les pages 44 à 47 pour en savoir davantage sur le diabète).

En mangeant des aliments faibles en gras et moins d'aliments transformés, vous diminuez votre consommation de gras et de sucre.

Vous êtes maintenant en mesure de perdre du poids.

Égal, Splenda, Sugar Twin, Sweet N'Low et Steevia sont des édulcorants hypocaloriques.

Quelques trucs pour cuisiner avec moins de sucre

Lorsque vous préparez des muffins, des biscuits ou des gâteaux, diminuez de moitié la quantité de sucre. Une quantité réduite de sucre n'empêchera pas le mélange de bien lever. Si vous croyez que le goût n'est pas assez sucré, vous pouvez ajouter un édulcorant hypocalorique comme le Splenda ou le Sugar Twin.

Les édulcorants contenant du NutraSuc (aspartame) comme Égal ne conviennent pas, car ils perdent leur pouvoir sucrant à la cuisson.

Réduisez votre consommation de sel

On ajoute du sel à la plupart des aliments transformés.

Le sel nous apporte un important minéral, le sodium, qui est présent naturellement dans les aliments. Vous avez seulement besoin d'une petite quantité de sodium pour être en bonne santé.

Le sel iodé nous procure de l'iode. L'iode est essentiel pour garder notre thyroïde en bonne santé. La thyroïde régularise la façon dont le corps brûle les calories. Une petite quantité d'iode suffit pour combler vos besoins. Les poissons et fruits de mer sont une excellente source d'iode; voilà une autre bonne raison de consommer du poisson au moins une ou deux fois par semaine.

Malheureusement, la plupart d'entre nous consommons trop de sel. Nous mangeons des aliments transformés qui sont salés et nous ajoutons du sel à nos plats. Cette quantité supplémentaire de sel fait travailler davantage nos reins.

Tout le monde devrait consommer moins de sel. Ce simple changement peut vous aider à réduire votre tension artérielle. Mais pour certaines personnes qui font de l'hypertension, d'autres changements seraient plus utiles, comme perdre du poids, faire de l'exercice et arrêter de fumer (voir page 44).

Une fois que vous aurez réduit votre consommation de sel, vous vous apercevrez que beaucoup d'aliments auront un goût trop salé.

Ne mettez qu'une petite pincée de sel sur vos aliments; dans vos recettes, n'en ajoutez qu'un tout petit peu ou pas du tout et mangez moins d'aliments salés.

Trucs pour diminuer votre consommation de sel

- Assaisonnez vos plats, pendant la cuisson ou à table, d'épices et de fines herbes, de jus de citron, de jus de lime ou de vinaigre. Ajoutez du poivre plutôt que du sel.
- Servez-vous de la poudre d'ail ou d'oignon, plutôt que de sel d'ail ou d'oignon. Essayez le mélange d'épices proposé à la p. 123 ou la chapelure assaisonnée de la p. 130.
- Mettez moins de sel lorsque vous cuisinez. Pour de nombreuses recettes, cela n'est pas nécessaire.
- Recherchez les aliments non salés ou à faible teneur en sel, comme les craquelins non salés.
- Optez pour des légumes frais ou congelés au lieu des légumes en conserve.
- Évitez les repas au restaurant, à emporter ou pris sur place. Ils contiennent beaucoup de sel et de gras.

Le sel dans les recettes de *La santé au menu*

- Il n'est pas nécessaire d'ajouter du sel aux recettes, sauf s'il en faut pour faire lever le mélange ou en assurer la qualité.
- Pour rehausser le goût de certains plats, nous avons utilisé du bouillon en poudre, un mélange à soupe déshydraté ou de la sauce soya. Utilisez-en moins si vous voulez consommer encore moins de sel, et rajoutez des épices et des herbes. On trouve également du bouillon en poudre et des soupes à faible teneur en sel et de la sauce soya légère.

Le sel dans les repas de *La santé au menu*

- Les repas proposés dans ce livre vous aideront à consommer moins de sel.
- Les repas contiennent certains aliments riches en sel, tels que les cornichons à l'aneth, la choucroute, les saucisses et le jambon. Dans les portions présentées, ces aliments font partie d'un régime alimentaire sain.
- Si vous devez diminuer davantage votre consommation de sel, vous pouvez:
  - remplacer les cornichons à l'aneth par des tranches de concombre;
  - utiliser du chou au lieu de la choucroute;
  - remplacer les saucisses par du bœuf ou du porc non salé;
  - utiliser pour vos sandwiches des restes de viande ou de volaille cuite, ou un œuf, au lieu de prendre de la viande traitée.

Réduisez votre consommation d'alcool

Une bière ou 2 oz (60 ml) de spiritueux comme le whisky ou le rhum contiennent le même nombre de calories que 2 tranches de pain.

Dans 6 bières, il y a 900 calories. C'est beaucoup. Six boissons gazeuses «diète» contiennent seulement 20 calories.

Si vous voulez perdre du poids, vous devez faire attention à tout ce que vous mangez et buvez, même à l'alcool. **L'alcool contient beaucoup de calories** et, tout comme pour le sucre, il s'agit de «calories vides». Dans ce livre, on suggère parfois un verre de vin facultatif pour accompagner un repas. Sur certaines photos de collations, on peut voir une bière légère ou un verre de whisky, à prendre à l'occasion seulement. Une consommation quotidienne d'alcool ne devrait se faire qu'avec l'approbation du médecin.

Les calories des spiritueux comme le whisky proviennent seulement de l'alcool. Les trois quarts des calories de la bière proviennent de l'alcool et le reste, principalement du sucre. Dans les liqueurs, un peu plus de la moitié des calories proviennent de l'alcool et le reste, du sucre.

Pour réduire les calories provenant des boissons alcoolisées

Mise en garde
- *Il est déconseillé de prendre de l'alcool avec certains médicaments. Vérifiez l'étiquette de vos médicaments pour savoir si vous pouvez boire de l'alcool.*
- *Si vous êtes diabétique et que vous prenez de l'insuline ou d'autres médicaments, l'alcool peut provoquer une baisse du taux de sucre dans le sang. Pour éviter ce problème, ne buvez pas d'alcool ou prenez-en juste un verre ou deux; surtout, ne buvez jamais d'alcool sans avoir mangé.*
- *L'alcool est déconseillé aux enfants et aux adolescents, ainsi qu'aux femmes enceintes ou allaitant.*

- Prenez moins de bière, de vin, d'alcool et de spiritueux. Buvez plutôt de l'eau, des boissons gazeuses «diète», de la bière légère sans alcool, du café ou du thé.
- Choisissez de la bière légère, car elle contient moins de calories et d'alcool que la bière ordinaire.
- Plutôt que de boire une bière au complet, prenez-en la moitié et mélangez-la avec du soda au gingembre «diète».
- La plupart des bières ou vins sans alcool contiennent du sucre (moins tout de même que dans les boissons gazeuses), mais c'est un meilleur choix que la bière alcoolisée.
- Si vous prenez un verre de vin, choisissez un vin sec, plutôt qu'un vin sucré.
- Évitez les liqueurs qui contiennent beaucoup d'alcool et de sucre.
- Si vous souhaitez prendre un verre de spiritueux, ajoutez-y de l'eau ou une boisson gazeuse «diète» plutôt que du jus ou une boisson gazeuse ordinaire.
- Buvez de l'eau plutôt que de l'alcool avant et pendant les repas. L'alcool augmente souvent l'appétit.

L'alcool, c'est plus qu'une source de calories, c'est une drogue qui peut créer une dépendance. Si vous buvez beaucoup d'alcool, vous n'aurez pas seulement des problèmes de poids, il vous sera difficile d'apporter d'autres changements dans votre vie.

Il est parfois difficile de boire moins d'alcool. N'ayez pas peur de demander de l'aide.

Pensez à modifier vos habitudes.

Faites de la marche

Les trois principes que vous apprendrez dans ce livre sont de prendre des portions plus petites, de consommer moins de gras et de faire de l'exercice. Il ne faut pas se faire d'illusion: on ne peut perdre du poids si l'on ne fait pas d'exercice.

La marche est l'une des meilleures formes d'exercice. Vous pouvez marcher au moment qui vous convient et choisir votre trajet. Commencez lentement, puis essayez chaque semaine d'aller un peu plus vite, un peu plus loin.

La plupart de mes clients pensent être actifs. Mais il y a une différence entre être actif (ou occupé) et faire de l'exercice. Comparons notre mode de vie aujourd'hui à celui de nos grands-parents. Autrefois, les gens allaient à pied au travail, à l'épicerie, au bureau de poste, à l'école, à l'église et aux danses. Le travail à la maison et à la ferme était difficile physiquement. Aujourd'hui, on ne marche pas assez. La télévision et l'ordinateur remplacent trop souvent les loisirs et les travaux plus exigeants physiquement. On reste assis ou debout pendant des heures, à la maison ou au travail; pas étonnant que l'on soit en mauvaise santé.

Vous êtes trop fatigué pour sortir marcher? Il arrive que la fatigue soit due à une faiblesse des muscles. Si vous avez de l'embonpoint vous pouvez même ressentir de la douleur en marchant. Cela peut paraître étrange, mais le seul moyen de trouver l'énergie pour marcher, c'est de sortir se promener. Une fois que vous serez en meilleure forme, vous verrez que la marche donne de l'énergie.

Vous êtes trop occupé pour trouver le temps de marcher? Quelques changements suffisent. Pensez d'abord au nombre de fois où vous sortez de la maison, par exemple, pour démarrer votre auto, vous rendre à l'arrêt d'autobus ou aller chercher le courrier. Une fois dehors, prenez 20 minutes de plus pour aller marcher. C'est important pour être en bonne santé. Habituellement, on trouve le temps de faire ce qui nous semble important.

Il faut faire de l'exercice régulièrement pour perdre du poids.

La marche est le meilleur exercice pour la plupart des gens.

Vous verrez que l'exercice donne de l'énergie.

La marche vous aidera à perdre du poids, mais elle vous apportera aussi d'autres bienfaits.

La marche peut vous aider à perdre du poids. Elle peut aussi vous aider à vous sentir mieux dans votre peau et vous donner un air de santé. La marche renforce les os et les muscles, et elle facilite la respiration. Souvent, la marche réduit les maux de dos et les douleurs articulaires. Elle aide à réduire le stress et à bien dormir la nuit.

Si vous êtes diabétique, la marche vous aidera à contrôler votre taux de sucre sanguin. Si votre taux de cholestérol est élevé, la marche vous aidera à l'abaisser. Il en est de même pour la tension artérielle.
Lorsque je reçois des patients deux mois après qu'ils ont commencé à faire de la marche, ils disent se sentir mieux. Bien souvent, ils ont perdu du poids. Ils sont alors prêts à marcher plus longtemps, car ils sont plus en forme de jour en jour.

Il faut parfois plusieurs mois avant d'être un marcheur régulier. Plus vous marcherez et mieux vous vous sentirez.

Posez ce livre et allez marcher.

Des trucs qui marchent!

D'abord, marchez de plus en plus chaque jour

Lorsque vous allez à l'épicerie, stationnez-vous le plus loin possible et marchez jusqu'à l'entrée. Quand vous prenez l'autobus, descendez à l'arrêt qui précède le vôtre, et marchez le reste du parcours.

Monter et descendre les escaliers est un très bon exercice. Commencez par les descendre.

Il est important de porter des chaussures ou des bottes confortables.

Ensuite, marchez régulièrement

Essayez d'aller marcher deux fois par semaine. Prenez la bonne habitude de sortir tous les jours à la même heure. Amenez votre chien, il sera content. Il vaut mieux sortir marcher que de perdre son temps devant la télévision.

Faites une marque bien visible sur le calendrier les jours où vous allez marcher. Vous avez de quoi être fier!

Chaque fois que vous allez marcher, inscrivez-le sur votre calendrier.

Ensuite, augmentez la distance parcourue. Marchez plus souvent, plus vite et en faisant balancer vos bras.

Plus vous marcherez vite et plus vous perdrez de poids.

Maintenant que vous avez pris l'habitude de marcher, vous allez peut-être vouloir faire de la natation, du vélo ou de la danse. Un vélo d'exercice ou un tapis roulant sont d'autres excellentes façons de faire de l'exercice. Commencez à pratiquer d'autres sports et activités.

Peut-être voudrez-vous essayer de faire de la natation, de la bicyclette ou d'autres sports.

Pour marcher, il faut du temps, mais cela permet de rester en bonne santé. Profitez-en!

Conseils aux personnes souffrant de diabète ou de problèmes cardiaques

Si vous êtes diabétique ou si avez des problèmes cardiaques comme un taux élevé de cholestérol sanguin ou de triglycérides (gras dans le sang), ou une tension artérielle élevée, les repas présentés dans *La santé au menu* vous seront utiles.

Pour ceux d'entre vous qui souffrent de diabète ou de problèmes cardiaques, les conseils sont semblables à ceux que l'on donne aux autres. Il faut:
- perdre du poids, si vous avez de l'embonpoint;
- consommer moins de gras et plus spécifiquement, les gras saturés et les gras trans;
- choisir des gras monoinsaturés ou riches en oméga-3;
- avoir un régime à plus faible teneur en sel, en sucre et en alcool;
- manger plus de féculents, de fruits, de légumes et de fibres alimentaires;
- ne pas fumer;
- faire de l'exercice;
- apprendre à se détendre;
- prendre les médicaments et/ou l'insuline prescrits par le médecin;
- consulter régulièrement un médecin.

Si vous avez des problèmes cardiaques

Si votre tension artérielle est trop élevée, un médecin ou un diététiste peut vous conseiller de consommer moins de sel. Comme diététiste, je sais que le sel n'est pas seul responsable de l'hypertension. Pour faire baisser la tension artérielle, il est aussi important d'apporter les changements énumérés ci-dessus. Il en est de même pour le taux de cholestérol sanguin.

Souvent, un taux élevé de triglycérides (gras dans le sang) est dû à une augmentation du taux de sucre dans le sang, car l'excédent de sucre se transforme en gras. Il peut aussi être dû à une consommation excessive d'alcool, car l'alcool peut aussi se transformer en gras dans le sang. Si vous avez trop de triglycérides, vous devriez prendre des mesures pour réduire votre sucre sanguin et limiter ou arrêter la consommation d'alcool.

Si vous êtes diabétique

Si vous êtes diabétique, l'excès de gras peut être un plus grand problème que l'excès de sucre. Si vous avez de l'embonpoint et que vous perdez du poids, l'action de l'insuline sur votre métabolisme sera améliorée, et votre taux de sucre sanguin s'améliorera, lui aussi. La marche ou toute autre forme d'exercice aura le même effet.

En tant que diabétique, vous êtes sujet aux problèmes cardiaques. Mangez moins gras et faites de la marche, c'est bon pour le cœur. Pour le diabète et les problèmes cardiaques, on donne plus ou moins les mêmes conseils: mangez moins gras, perdez du poids et faites de l'exercice.

Il est aussi important de prendre des repas légers à des heures régulières, comme il est démontré dans cet ouvrage, plutôt qu'un seul grand repas par jour. Cela aide à mieux répartir l'apport de nourriture et de sucre dans la journée et à contrôler le taux de sucre sanguin.

On sait maintenant que les diabétiques peuvent manger de petites quantités de sucre sous forme de sucre ordinaire ou de bonbons. Évidemment, si vous consommez une grande quantité d'aliments sucrés, votre taux de sucre sanguin augmentera de beaucoup et rapidement.

Vous pouvez suivre le guide des repas *La santé au menu* en toute sécurité, même si vous prenez de l'insuline ou des médicaments pour le diabète, car la quantité de glucides (amidon et sucre) dans chaque repas est raisonnable. Cette quantité peut varier quelque peu d'un repas et d'une collation à l'autre, bien que le nombre de calories soit le même. Vous pouvez consulter le site Web de Diabète Québec (www.diabete.qc.ca) pour connaître les échanges de féculents contenus dans chaque repas ou collation.

Il est important de manger moins de gras si vous êtes diabétique ou si vous avez des problèmes cardiaques.

Une personne diabétique peut manger de petites quantités de sucre.

Comptez-vous vos glucides?

La quantité totale de glucides dans vos repas peut aller jusqu'à deux tranches de pain. Référez-vous au nombre de grammes de glucides inscrit dans chaque plat, recette ou collation. Parlez à votre diététiste pour plus d'information sur la façon de compter les glucides et d'ajuster l'insuline.

Si vous prenez des médicaments pour le diabète, de l'insuline, des médicaments pour le cœur ou pour l'hypertension, lisez ce qui suit.

• Si vous modifiez vos habitudes (par exemple, manger moins ou faire plus d'exercice), vous n'aurez peut-être pas besoin d'autant de médicaments ou d'insuline. Si vous avez des faiblesses, des tremblements ou des étourdissements en faisant de l'exercice, avant les repas ou en sortant du lit, vos médicaments sont peut-être trop forts. Consultez votre médecin si vous ne vous sentez pas bien. Ne changez pas vos médicaments ou votre insuline sans en avoir parlé à votre médecin.

• Demandez à votre médecin ou à votre pharmacien ce qui pourrait arriver si vous consommez de l'alcool en même temps que l'insuline ou les médicaments pour le diabète ou le cœur.

Vous êtes mince et vous ne voulez pas perdre de poids
Ce livre est-il utile si on ne veut pas perdre de poids? Oui, car la plupart des changements qui font perdre du poids, comme manger moins de gras et plus de fibres, peuvent améliorer la santé de chacun. Nous avons tous besoin de différentes quantités de nourriture. La section «Comment utiliser ce livre» aux pages 6 à 11 vous aidera à choisir les bonnes grosseurs de repas et de collations.

Vous faites de grands progrès! Il faut du temps et des efforts pour améliorer sa santé, mais vous le méritez bien!

Repas,
recettes
et collations

Déjeuners

- chaque grand repas contient 370 calories
- chaque repas léger contient 250 calories

DÉJEUNER 1

Céréales sèches

L'information nutritionnelle pour ce repas est contenue dans le tableau ci-dessous.

Voyez à chaque page de plat le tableau correspondant.

Pour en savoir plus sur vos besoins nutritionnels, visitez le site mealsforgoodhealth.com.

	Par grosse portion	Par petite portion
Glucides	82 g	55 g
Protéines	15,6 g	8,8 g
Gras	1,5 g	1,0 g
Gras saturé	0,6 g	0,3 g
Cholestérol	4 mg	2 mg
Fibres	10,7 g	7,0 g
Sodium	676 mg	393 mg
Vitamine A	152 µg	77 µg
Acide folique	65 µg	44 µg
Vitamine C	10 mg	9 mg
Potassium	1058 mg	720 mg
Calcium	336 mg	172 mg
Fer	8,6 mg	5,2 mg

C'est le petit déjeuner le plus facile à préparer.

Lisez bien l'étiquette avant d'acheter vos céréales. Choisissez celles qui n'ont pas de sucre ajouté ou qui n'en contiennent qu'une petite quantité. Une portion doit contenir moins de 5 grammes de sucre et moins de 2 grammes de matières grasses.

Une céréale enrichie de fruits secs (de raisins secs, entre autres) contiendra un peu plus de sucre. Par exemple, 1 c. à soupe (15 ml) de raisins secs ajoute 5 grammes de sucre de plus. Si vous choisissez une céréale enrichie de fruits secs, vous devez alors réduire votre portion de fruit.

Quand vous achetez des céréales, vous devez également examiner leur contenu en fibres. Choisissez de préférence des céréales riches en fibres, comme les céréales de son et de blé entier.

Le lait écrémé et le lait 1 % contiennent très peu de gras. Versez-en dans vos céréales ou buvez-en un verre, c'est excellent. Si vous utilisez du lait en conserve, choisissez le lait évaporé écrémé. Rappelez-vous que 1/4 tasse (60 ml) de lait concentré mélangé à 1/4 tasse (60 ml) d'eau équivaut à 1/2 tasse (125 ml) de lait ordinaire.

Mélangez un fruit à vos céréales ou mangez-le séparément. La moitié d'une banane ou n'importe lequel des fruits proposés pour les autres déjeuners feront l'affaire. Une demi-tasse (125 ml) de jus de fruits non sucré contient le même nombre de calories qu'un petit fruit, mais contrairement au fruit, le jus ne contient pas de fibres.

Buvez de l'eau à tous les repas, même au déjeuner. Si vous prenez une tasse de café ou de thé, attention au sucre. Supprimez-le si vous en êtes capable ou remplacez-le par un édulcorant hypocalorique. Attention également à la crème et au colorant à café. Vous savez sans doute que la crème contient beaucoup de gras, mais saviez-vous que le colorant à café est composé principalement de sucre et d'huile ? Essayez de remplacer la crème et le colorant à café par du lait écrémé ou du lait écrémé en poudre. Si vous ne pouvez pas vous passer de colorant à café, choisissez le produit léger et limitez-vous à 2 c. à thé (10 ml) par jour.

Menu du déjeuner	Grand repas (370 calories)	Repas léger (250 calories)
Céréales de flocons de son Lait écrémé ou 1 % Moitié d'une petite banane	1 1/4 tasse (300 ml) 1 tasse (250 ml) Morceau de 3 po (7,5 cm)	3/4 tasse (175 ml) 1/2 tasse (125 ml) Morceau de 3 po (7,5 cm)

DÉJEUNER 2

Œuf et rôties

Le sucre, le miel et la confiture contiennent moins de calories que le beurre et la margarine. En effet, un gramme de sucre contient moins de calories qu'un gramme de gras.
- *1 c. à thé (5 ml) de sucre, de miel ou encore de confiture ou de gelée ordinaire contient 20 calories.*
- *1 c. à thé (5 ml) de beurre ou de margarine contient environ 40 calories.*

Pour vos rôties, choisissez du pain brun (de blé entier ou de seigle). Ces pains contiennent beaucoup de fibres.

Pour le repas léger, garnissez vos rôties d'un peu de confiture ou de miel, sans beurre ni margarine.

Préparez-vous un œuf au choix: à la coque, poché ou encore cuit dans une poêle anti-adhésive sans ajouter de gras. Choisissez des œufs enrichis en acides gras oméga-3, car ils sont bons pour le cœur.

Les jaunes des gros œufs sont de la même taille environ que ceux des petits œufs. Les gros œufs sont gros parce qu'ils contiennent plus de blanc d'œuf – ce qui veut dire qu'un petit œuf contient autant de cholestérol qu'un gros œuf.

	Par grosse portion	Par petite portion
Glucides	48 g	34 g
Protéines	16,3 g	13,6 g
Gras	14,1 g	7,5 g
Gras saturé	3,4 g	2,2 g
Cholestérol	218 mg	219 mg
Fibres	6,7 g	4,0 g
Sodium	529 mg	298 mg
Vitamine A	273 µg	200 µg
Acide folique	71 µg	64 µg
Vitamine C	36 mg	36 mg
Potassium	538 mg	575 mg
Calcium	253 mg	227 mg
Fer	2,6 mg	1,8 mg

Une petite portion de fruit ou quelques tranches de tomate complètent bien ce repas. Pour varier, remplacez le fruit ou la tomate par ½ tasse (125 ml) de jus de tomate ou de légumes. Le jus de tomate est un choix sage, car il contient deux fois moins de sucre qu'un jus de fruits.

Remarque au sujet du jus de fruits

Il est préférable de consommer un fruit frais plutôt qu'un jus de fruits. Le fruit est plus riche en fibres et il est plus nourrissant. Vous pouvez cependant remplacer une petite orange par ½ tasse (125 ml) de jus d'orange non sucré.

Complétez ce repas par ½ tasse (125 ml) de lait écrémé ou de lait 1 %, ou encore par ½ tasse (125 ml) de babeurre, également faible en gras.

Menu du déjeuner	Grand repas (370 calories)	Repas léger (250 calories)
Œuf (cuit sans gras)	1	1
Rôties de pain brun	2 tranches	1 tranche
Margarine	2 c. à thé (10 ml)	½ c. à thé (2 ml)
Confiture ou gelée	1 c. à thé (5 ml)	1 c. à thé (5 ml)
Lait écrémé ou 1 %	½ tasse (125 ml)	½ tasse (125 ml)
Tranches d'orange	½ orange de 3 po (7,5 cm)	½ orange de 3 po (7,5 cm)

REPAS LÉGER

DÉJEUNER 3

Crêpes et bacon

Lisez bien l'étiquette du sirop léger. Deux c. à soupe (30 ml) doivent contenir moins de 60 calories. Deux c. à soupe (30 ml) de ce type de sirop équivalent à 1 c. à soupe (15 ml) de sirop ordinaire.

Pour avoir plus de fibres, ajoutez à la pâte 1 c. à soupe (15 ml) de son.

Si votre poêle n'est pas anti-adhésive, graissez-la légèrement à l'aide d'un bout d'essuie-tout ou d'un enduit anti-adhésif en vaporisateur.

	Par grosse portion	Par petite portion
Glucides	57 g	39 g
Protéines	12,0 g	8,0 g
Gras	9,9 g	6,8 g
Gras saturé	3,2 g	2,2 g
Cholestérol	53 mg	36 mg
Fibres	1,2 g	0,8 g
Sodium	525 mg	356 mg
Vitamine A	85 µg	57 µg
Acide folique	14 µg	10 µg
Vitamine C	1 mg	0 mg
Potassium	244 mg	164 mg
Calcium	158 mg	105 mg
Fer	3,0 mg	2,0 mg

Ces crêpes minces sont faciles à préparer. Elles contiennent moins de gras et de sucre que les mélanges à crêpes que vous achetez à l'épicerie.

Pour ce déjeuner, le fruit est remplacé par du sirop.

Faites frire le bacon jusqu'à ce qu'il soit croustillant. Enlevez le surplus de gras de la poêle. Le bacon de dos contient moins de gras que le bacon de flan présenté. Puisque le bacon est riche en gras saturé, n'en mangez pas plus d'une fois par semaine.

Crêpes à faible teneur en calories

Donne 16 crêpes de 4 po (10 cm)

Une crêpe
Calories : 68
Glucides : 11 g
Protéines 2,7 g
Gras : 1,2 g

1 ½ tasse (375 ml) de farine

½ c. à thé (2 ml) de sel

1 c. à thé (5 ml) de levure chimique (poudre à pâte)

1 c. à soupe (15 ml) de sucre

1 œuf

1 c. à soupe (15 ml) d'huile, de margarine ou de beurre fondu

1 ¾ tasse (425 ml) de lait écrémé

1. Dans un grand bol, mélangez la farine, le sel, la levure chimique (poudre à pâte) et le sucre.
2. Dans un bol moyen, battez l'œuf à l'aide d'une fourchette. Incorporez la matière grasse et le lait à l'œuf battu.
3. Ajoutez le mélange à l'œuf au mélange de farine. Mélangez jusqu'à ce que la pâte soit bien lisse. Vous obtiendrez de meilleurs résultats avec un fouet. Si le mélange est trop épais, ajoutez un peu de lait.
4. Faites cuire à feu moyen dans une poêle ou une poêle électrique anti-adhésive. Utilisez un peu moins de ¼ tasse (45 ml) de pâte pour une crêpe. Tournez la crêpe dès que la surface se couvre de petites bulles.

Menu du déjeuner	Grand repas (370 calories)	Repas léger (250 calories)
Crêpes à faible teneur en gras Sirop	3 1 ½ c. à soupe (25 ml), ou 3 c. à soupe (45 ml) de sirop léger	2 1 c. à soupe (15 ml), ou 2 c. à soupe (30 ml) de sirop léger
Bacon (croustillant)	2 tranches	1 ½ tranche

Déjeuner 4

Rôties et beurre d'arachide

Une cuillerée à thé (5 ml) de confiture ou de gelée légère ou «diète» doit contenir moins de 10 calories – 30 calories dans 1 c. à soupe (15 ml).

Les confitures portant la mention «sans sucre ajouté» peuvent contenir du sucre sous forme de concentré de jus de fruits. La plupart de ces confitures contiennent presque autant de sucre que la confiture ordinaire.

	Par grosse portion	Par petite portion
Glucides	53 g	34 g
Protéines	13,5 g	10,9 g
Gras	13,7 g	9,2 g
Gras saturé	2,7 g	1,8 g
Cholestérol	3 mg	3 mg
Fibres	7,7 g	4,9 g
Sodium	493 mg	291 mg
Vitamine A	124 µg	76 µg
Acide folique	48 µg	34 µg
Vitamine C	5 mg	5 mg
Potassium	553 mg	472 mg
Calcium	211 mg	185 mg
Fer	2,2 mg	1,3 mg

Ce déjeuner tout simple vous fournit suffisamment de protéines pour bien commencer la journée.

Une cuillerée à soupe (15 ml) de beurre d'arachide est une bonne source de protéines. Comme le beurre d'arachide contient beaucoup de gras, vous n'avez pas besoin d'en ajouter sur votre rôtie.

Une moitié de pomme accompagne bien ce déjeuner.

Voici quelques suggestions de fruits :
- $^1/_2$ tasse (125 ml) de compote de pommes non sucrée
- un gros kiwi
- $^1/_4$ melon (petit)
- $^1/_2$ petite banane
- 1 orange
- $^1/_2$ pamplemousse. Au déjeuner n° 8, nous proposons une façon originale de préparer le pamplemousse.

Vous pouvez remplacer la $^1/_2$ tasse (125 ml) de lait par 1 tasse (250 ml) de chocolat chaud léger (voir le déjeuner n° 9).

Pour le grand repas, recouvrez la moitié de la rôtie de beurre d'arachide et l'autre, légèrement beurrée, de 1 c. à thé (5 ml) de confiture ou de gelée.

Menu du déjeuner	Grand repas (370 calories)	Repas léger (250 calories)
Rôties de pain brun	2 tranches	1 tranche
Beurre d'arachide	1 c. à soupe (15 ml)	1 c. à soupe (15 ml)
Margarine ou beurre	1 c. à thé (5 ml)	–
Confiture ou gelée	1 c. à thé (5 ml) ou 2 c. à thé (10 ml) de confiture légère	–
Lait écrémé ou 1 %	$^1/_2$ tasse (125 ml)	$^1/_2$ tasse (125 ml)
Tranches de pomme	$^1/_2$ pomme de 3 po (7,5 cm)	$^1/_2$ pomme de 3 po (7,5 cm)

Déjeuner 5

Céréales chaudes

Les céréales chaudes – gruau (flocons d'avoine), céréales de grains entiers et semoule de maïs – contiennent beaucoup de fibres. Ajouter 1 c. à soupe de flocon de blé à votre gruau augmentera la teneur en fibres. Si vous ajoutez 1-2 c. à thé de graines de lin à votre gruau, vous aurez une source d'oméga-3.

Ce déjeuner ne comprend que la moitié d'un fruit parce que vous ajoutez à vos céréales 2 c. à thé (10 ml) de cassonade (ou de sucre blanc ou de miel).

Si vous prenez vos céréales sans sucre ou si vous ajoutez un édulcorant hypocalorique, vous pouvez alors consommer un fruit complet (parmi ceux qui sont proposés avec la plupart des autres déjeuners).

Les portions individuelles de gruau sont faciles à préparer et elles se préparent en un clin d'œil, mais la plupart contiennent beaucoup de sucre ajouté. Choisissez les emballages portant la mention «nature» et vérifiez la liste des ingrédients pour vous assurer qu'il n'y a pas de sucre.

Vous voudrez peut-être mélanger ½ sachet de gruau d'avoine instantané sans sucre ajouté avec ½ sachet de gruau d'avoine à saveur de fruit. De cette façon, votre gruau sera un peu sucré et vous aurez ½ portion de fruit.

	Par grosse portion	Par petite portion
Glucides	68 g	48 g
Protéines	15,9 g	10,6 g
Gras	3,9 g	2,5 g
Gras saturé	0,8 g	0,5 g
Cholestérol	3 mg	2 mg
Fibres	6,2 g	4,2 g
Sodium	105 mg	70 mg
Vitamine A	112 µg	75 µg
Acide folique	24 µg	16 µg
Vitamine C	2 mg	2 mg
Potassium	649 mg	445 mg
Calcium	271 mg	183 mg
Fer	3,0 mg	2,1 mg

Menu du déjeuner	Grand repas (370 calories)	Repas léger (250 calories)
Céréales chaudes	1 ½ tasse (375 ml) 6 c. à soupe (90 ml) de céréales sèches	1 tasse (250 ml) 4 c. à soupe (60 ml) de céréales sèches
Cassonade	2 c. à thé (10 ml)	2 c. à thé (10 ml)
Raisins	1 ½ c. à soupe (25 ml)	1 c. à soupe (15 ml)
Lait écrémé ou 1 %	¾ tasse (175 ml)	½ tasse (125 ml)

DÉJEUNER 6

Pain doré

Deux cuillerées à soupe (30 ml) de sirop léger ou 2 c. à thé (10 ml) de confiture diète équivalent à 1 c. à soupe (15 ml) de sirop ordinaire.

Une pincée de muscade ou de cannelle aromatise agréablement le mélange à pain doré.

Ce déjeuner est facile à préparer et il est prêt en un clin d'œil.

Le pain doré est servi avec un fruit et du sirop. Si vous n'avez pas de fraises fraîches, n'importe quel autre fruit – frais, congelé ou en conserve – fera l'affaire.

Pain doré

Donne 6 tranches

2 gros œufs

¼ tasse (60 ml) de lait écrémé

Une pincée de sel, facultatif

6 tranches de pain

Une tranche de pain
Calories : 96
Glucides : 14,5 g
Protéines 5,0 g
Gras : 2,4 g

1. Dans un bol moyen, battez les œufs avec une fourchette. Ajoutez le lait et le sel.
2. Trempez le pain dans le mélange.
3. Dans une poêle chauffée anti-adhésive, faites frire le pain des deux côtés jusqu'à ce qu'il brunisse. Si vous n'avez pas de poêle anti-adhésive, suivez la méthode expliquée à la page 56.

	Par grosse portion	Par petite portion
Glucides	63 g	42 g
Protéines	15,5 g	10,5 g
Gras	7,5 g	5,0 g
Gras saturé	2,0 g	1,3 g
Cholestérol	219 mg	146 mg
Fibres	6,8 g	4,7 g
Sodium	501 mg	335 mg
Vitamine A	103 µg	69 µg
Acide folique	68 µg	47 µg
Vitamine C	43 mg	34 mg
Potassium	436 mg	307 mg
Calcium	141 mg	95 mg
Fer	3,6 mg	2,4 mg

Menu du déjeuner	Grand repas (370 calories)	Repas léger (250 calories)
Pain doré	3 tranches	2 tranches
Confiture	1 c. à soupe (15 ml) ou	2 c. à thé (10 ml) ou
	2 c. à soupe (30 ml) de confiture légère	4 c. à thé (20 ml) de confiture légère
Fraises	5 grosses	4 grosses

DÉJEUNER 7

Muffin et yogourt

Essayez ces délicieux muffins à faible teneur en matières grasses. Chaque muffin ne contient que ¹/₂ c. à thé (2 ml) de gras ajouté.

Vous pouvez remplacer le muffin par une barre granola à faible teneur en matières grasses.

Vous pouvez remplacer le yogourt par ¹/₂ tasse (125 ml) de lait écrémé. Pour le repas léger, une tranche de fromage à faible teneur en matières grasses peut très bien remplacer le yogourt. Vous trouverez des suggestions de yogourt à la page 84 (dîner nᵒ 7).

Muffins au son

Donne 12 muffins moyens

1 tasse (250 ml) de farine

1 ¹/₂ c. à thé (7 ml) de levure chimique (poudre à pâte)

¹/₂ c. à thé (2 ml) de bicarbonate de soude

¹/₂ c. à thé (2 ml) de sel

¹/₄ tasse (60 ml) de compote de pommes non sucrée

2 c. à soupe (30 ml) de margarine ou huile végétale

¹/₄ tasse (60 ml) de cassonade bien tassée

¹/₄ tasse (60 ml) de mélasse (ou de miel)

1 œuf

1 tasse (250 ml) de lait écrémé

1 ¹/₂ tasse (375 ml) de son

¹/₂ tasse (125 ml) de raisins secs

Un muffin
Calories : 143
Glucides : 29 g
Protéines 3,8 g
Gras : 2,8 g

	Par grosse portion	Par petite portion
Glucides	51 g	51 g
Protéines	16,1 g	9,1 g
Gras	13,3 g	4,0 g
Gras saturé	6,6 g	0,7 g
Cholestérol	49 mg	20 mg
Fibres	6,1 g	6,1 g
Sodium	444 mg	270 mg
Vitamine A	134 µg	55 µg
Acide folique	61 µg	56 µg
Vitamine C	66 mg	66 mg
Potassium	776 mg	749 mg
Calcium	517 mg	315 mg
Fer	2,2 mg	2,0 mg

1. Dans un bol moyen, mélangez la farine, la levure chimique (poudre à pâte), le bicarbonate de soude et le sel.
2. Dans un grand bol, mélangez la compote de pommes, la margarine et la cassonade. Mélangez jusqu'à ce que la pâte soit lisse.
3. Incorporez la mélasse et l'œuf en battant. Ajoutez le lait, puis le son.
4. Versez le mélange de farine dans le grand bol, puis incorporez les raisins secs. Le mélange doit être bien humecté.
5. À l'aide d'une cuillère, versez le mélange dans un moule à muffins anti-adhésif non graissé. Si vous n'avez pas ce genre de moule, utilisez des moules en papier ou graissez un peu votre moule à muffins. Faites cuire au four préchauffé à 400 °F (200 °C) pendant 20 à 25 minutes. Les muffins sont prêts quand un cure-dents inséré au centre en ressort propre.

Menu du déjeuner	Grand repas (370 calories)	Repas léger (250 calories)
Muffin au son	1	1
Yogourt aux fruits faible en gras avec édulcorant hypocalorique	¹/₂ tasse (125 ml)	¹/₂ tasse (125 ml)
Orange	1 petite de 2 à 3 po (5 à 7,5 cm)	1 petite de 2 à 3 po (5 à 7,5 cm)
Morceau de fromage	1 oz (30 g)	–

DÉJEUNER 8

Pain aux raisins et fromage

Vous pouvez remplacer le fromage illustré sur la photo par 1 tasse (250 ml) de lait.

Régal au pamplemousse
Saupoudrez-le de cannelle et d'édulcorant hypocalorique, puis mettez-le au four à micro-ondes pendant 30 secondes ou faites-le griller dans un four ordinaire jusqu'à ce qu'il soit tiède.

Le pain aux raisins constitue une délicieuse variante. Vous pouvez, par exemple, recouvrir de fromage la moitié de votre rôtie et la faire griller, puis recouvrir l'autre moitié d'une mince couche de confiture qui contient moins de calories que la margarine.

Le grand repas peut comprendre 1 oz (30 g) de fromage en bloc ou 1 ½ tranche de fromage. Choisissez de préférence un fromage léger. Lisez bien l'étiquette:

- Un bon choix consiste en un fromage à 20 % ou moins de matières grasses.
- Le fromage ordinaire contient environ 35 % de matières grasses.

Offrez-vous ½ pamplemousse ou une portion d'un autre fruit au choix:

- ½ pomme de grosseur moyenne (ou une petite)
- 1 pêche
- ½ petite banane
- 1 orange

	Par grosse portion	Par petite portion
Glucides	55 g	36 g
Protéines	12,6 g	8,7 g
Gras	11,9 g	8,0 g
Gras saturé	6,6 g	4,4 g
Cholestérol	31 mg	21 mg
Fibres	3,7 g	2,8 g
Sodium	721 mg	482 mg
Vitamine A	100 µg	73 µg
Acide folique	42 µg	33 µg
Vitamine C	47 mg	47 mg
Potassium	392 mg	310 mg
Calcium	260 mg	178 mg
Fer	2,3 mg	1,5 mg

Lorsque vous déjeunez, même si vous ne mangez qu'une tranche de pain, vous avez plus d'énergie. Votre corps se «réveille» et commence à éliminer le gras.

Menu du déjeuner	Grand repas (370 calories)	Repas léger (250 calories)
Pain aux raisins grillé	3 tranches	2 tranches
Confiture ou gelée	1 c. à thé (5 ml) ou 2 c. à thé (10 ml) de confiture légère	–
Tranche de fromage	1 ½ tranche de 1 oz (30 g)	1 tranche
Pamplemousse	½	½

DÉJEUNER 9

Gaufre et chocolat chaud

Voici quelques suggestions pour remplacer 1 tasse (250 ml) de chocolat chaud léger:
- *½ tasse (125 ml) de lait à faible teneur en matières grasses*
- *½ tasse (125 ml) de yogourt léger*
- *1 tranche de 1 oz (30 g) de fromage à 20 % ou moins de matières grasses*

Les gaufres congelées vendues en épicerie constituent un petit déjeuner facile à préparer et prêt en un clin d'œil. Les gaufres nature contiennent moins de calories. Pour vous gâter, choisissez les gaufres aux bleuets ou à d'autres fruits.

Recouvrez votre gaufre d'un peu de confiture, de miel ou de sirop en suivant les indications dans l'encadré ci-dessous.

Ce déjeuner prévoit une portion de fruit.

Les mélanges à chocolat chaud léger sont offerts dans une variété de saveurs. Ils sont faits avec du lait écrémé en poudre et un édulcorant hypocalorique. Choisissez un mélange à chocolat chaud léger qui contient moins de 50 calories par portion de ¾ tasse (175 ml). Lisez bien l'étiquette.

	Par grosse portion	Par petite portion
Glucides	68 g	52 g
Protéines	9,3 g	6,6 g
Gras	9,0 g	3,0 g
Gras saturé	2,2 g	0,9 g
Cholestérol	96 mg	49 mg
Fibres	1,6 g	1,1 g
Sodium	710 mg	417 mg
Vitamine A	272 µg	124 µg
Acide folique	14 µg	9 µg
Vitamine C	3 mg	3 mg
Potassium	633 mg	571 mg
Calcium	194 mg	146 mg
Fer	3,3 mg	2,5 mg

Menu du déjeuner	Grand repas (370 calories)	Repas léger (250 calories)
Gaufre(s)	2	1
Margarine ou beurre	1 c. à thé (5 ml)	—
Sirop (ou miel ou confiture)	1 c. à soupe (15 ml) ou 2 c. à soupe (30 ml) de sirop léger	1 c. à soupe (15 ml) ou 2 c. à soupe (30 ml) de sirop léger
Raisins	¾ tasse (175 ml)	¾ tasse (175 ml)
Chocolat chaud léger	1 tasse (250 ml), soit un sachet de 14 g	1 tasse (250 ml), soit un sachet de 14 g

Dîners

- chaque grand repas contient 520 calories
- chaque repas léger contient 400 calories

DÎNER 1

Sandwich et lait

Voici une recette de garniture au thon ou au saumon (pour au moins 4 sandwiches).
Mélanger :
- *1 boîte (184 g) de thon ou de saumon en conserve dans l'eau*
- *1 c. à soupe (15 ml) de mayonnaise légère*
- *1 c. à soupe (15 ml) de relish*
- *1 branche de céleri finement hachée*

Il existe un grand choix de garnitures nutritives pour les sandwiches: rôti de bœuf (illustré sur la photo), poulet ou poitrine de dinde, viandes maigres, fromage, œufs ou poisson. Choisissez de préférence le poisson en conserve dans l'eau ou des restes de poisson réduits en purée. Le saumon et la sardine constituent de bons choix parce que les os contiennent du calcium et le poisson est bon pour le cœur, car il est une source d'oméga-3.

Le sandwich illustré comporte 2 c. à thé (10 ml) de mayonnaise légère. Si vous le désirez, vous pouvez éliminer le gras complètement et le remplacer par 1 c. à thé (5 ml) de relish ou de moutarde, ou encore par 1 c. à soupe (15 ml) de sauce piquante. Ces assaisonnements ne contiennent pas beaucoup de matières grasses.

Si vous préférez une garniture hachée, coupez un peu de céleri, d'oignon, de cornichons à l'aneth, de poivron vert ou tout autre légume que vous mélangerez à une petite quantité de mayonnaise légère. Il est préférable d'incorporer la mayonnaise à la garniture plutôt que de l'étendre sur le pain.

Servez un légume d'accompagnement, par exemple, quelques radis, une branche de céleri, quelques tranches de tomate ou des rondelles de poivron vert.

Une portion de cantaloup ou d'un autre fruit complète bien ce repas.

Vous pouvez prendre 1 tasse (250 ml) de lait écrémé, de lait 1 % ou de babeurre ou encore ¾ tasse (175 ml) de yogourt faible en gras. Si vous mettez une tranche de fromage dans votre sandwich, vous devez alors supprimer le lait.

	Par grosse portion	Par petite portion
Glucides	83 g	67 g
Protéines	31,5 g	22,6 g
Gras	8,7 g	6,0 g
Gras saturé	1,4 g	1,0 g
Cholestérol	27 mg	15 mg
Fibres	5,3 g	4,4 g
Sodium	1689 mg	1024 mg
Vitamine A	582 µg	581 µg
Acide folique	117 µg	99 µg
Vitamine C	123 mg	123 mg
Potassium	1691 mg	1524 mg
Calcium	411 mg	386 mg
Fer	4,1 mg	2,8 mg

Menu du dîner	Grand repas (520 calories)	Repas léger (400 calories)
Sandwich à la viande	1 ½ sandwich	1 sandwich
• pain de seigle léger	• 3 tranches	• 2 tranches
• rosbif	• 2 oz (60 g)	• 1 oz (30 g)
• mayonnaise légère	• 1 c. à soupe (15 ml)	• 2 c. à thé (10 ml)
• laitue	• 2 grandes feuilles	• 2 grandes feuilles
Radis	3	3
Cantaloup	½ petit	½ petit
Lait écrémé ou 1 %	1 tasse (250 ml)	1 tasse (250 ml)

DÎNER 2

Fèves et rôties

Pour varier, remplacez les fèves par du spaghetti en conserve.

Lisez bien l'étiquette des barres de crème glacée. Choisissez celles qui contiennent moins de 50 calories. Une barre de crème glacée ordinaire contient au moins 150 calories.

Vous pouvez remplacer la barre de crème glacée légère ou la barre de yogourt glacé maison par une 1/2 tasse (125 ml) de lait.

Réchauffez le contenu d'une boîte de fèves au lard et servez-en une portion (tel qu'illustré) accompagnée d'une rôtie et d'un légume frais. Enlevez les morceaux de lard ou encore achetez des fèves dans la sauce tomate.

Pour varier, remplacez la rôtie par du pain bannock (voir la recette à la page 115) ou par un autre type de pain.

Si vous n'avez pas de céleri, une tomate tranchée ou une 1/2 tasse (125 ml) de jus de tomate ou de légumes feront l'affaire.

Achetez des barres de crème glacée portant la mention «légère» ou «à faible teneur en gras» qui sont sucrées à l'aide d'un édulcorant hypocalorique. Elles sont délicieuses et contiennent du calcium. Pour un délice faible en gras et en calories, essayez les barres de yogourt glacé.

Barres de yogourt glacé

Une barre de yogourt glacé
Calories : 33
Glucides : 5 g
Protéines 3,1 g
Gras : 0,1 g

Donne 8 barres

2 tasses (500 ml) de yogourt nature de lait écrémé

1/2 c. à thé (2 ml) de cristaux sans sucre à saveur de fruits

1. Incorporez les cristaux au yogourt.
2. Versez dans des contenants et mettre au congélateur.

	Par grosse portion	Par petite portion
Glucides	102 g	76 g
Protéines	24,4 g	18,3 g
Gras	6,9 g	6,4 g
Gras saturé	1,4 g	1,2 g
Cholestérol	2 mg	2 mg
Fibres	31,7 g	21,8 g
Sodium	1766 mg	1258 mg
Vitamine A	84 µg	73 µg
Acide folique	141 µg	111 µg
Vitamine C	19 mg	15 mg
Potassium	1580 mg	1201 mg
Calcium	359 mg	295 mg
Fer	3,2 mg	2,8 mg

Menu du dîner	Grand repas (520 calories)	Repas léger (400 calories)
Fèves au lard en conserve	1 1/4 tasse (300 ml)	3/4 tasse (175 ml)
Rôties	2 tranches	2 tranches
Margarine	1 c. à thé (5 ml)	1 c. à thé (5 ml)
Bâtonnets de céleri	2 branches	2 branches
Barre de yogourt glacé	1	1

REPAS LÉGER

DÎNER 3

Soupe au poulet et bagel

Au lieu du saumon et du fromage en crème, vous pouvez garnir votre bagel de:
- *1 oz (30 g) ou une tranche mince de fromage ou de viande (jambon ou dinde).*
- *¼ tasse (60 ml) de poisson en conserve*
- *2 c. à thé (10 ml) de beurre d'arachide.*

Les soupes en conserve ou en sachet sont faciles à préparer et prêtes en un clin d'œil. Pour les rendre plus nutritives, ajoutez-y une poignée de légumes congelés. Ne consommez pas trop de crèmes, car elles sont plus riches en gras. Essayez cette recette.

Soupe au riz et au poulet

Donne 7 ½ tasses (1,875 litre)

Une portion de 1 ½ tasse (375 ml)
Calories: 99
Glucides: 18 g
Protéines 3,7 g
Gras: 1,2 g

2 carottes moyennes, hachées

1 oignon moyen, haché

2 branches de céleri hachées

¼ tasse (60 ml) de riz (non cuit)

1 sachet de soupe aux nouilles et au poulet de 60 g (2 oz)

1 c. à thé (5 ml) de bouillon de poulet ou ½ cube

¼ c. à thé (1 ml) d'aneth séché

6 tasses (1,5 litre) d'eau

1. Hachez les carottes, l'oignon et le céleri.
2. Mettez tous les ingrédients dans une casserole de taille moyenne.
3. Couvrez et laissez mijoter environ 20 minutes, jusqu'à ce que les carottes soient cuites. Brassez de temps en temps.

	Par grosse portion	Par petite portion
Glucides	94 g	69 g
Protéines	19,4 g	15,1 g
Gras	9,1 g	8,3 g
Gras saturé	2,8 g	2,7 g
Cholestérol	38 mg	27 mg
Fibres	5,2 g	5,1 g
Sodium	2062 mg	1707 mg
Vitamine A	489 µg	488 µg
Acide folique	116 µg	92 µg
Vitamine C	86 mg	86 mg
Potassium	781 mg	732 mg
Calcium	193 mg	176 mg
Fer	4,3 mg	3,0 mg

Menu du dîner	Grand repas (520 calories)	Repas léger (400 calories)
Soupe au poulet et au riz	1 ½ tasse (375 ml)	1 ½ tasse (375 ml)
Craquelins (biscuits soda)	2	2
Bagel	1 (ou 3 tranches de pain)	½ (ou 1 ½ tranche de pain)
Fromage à la crème léger (20 % de gras)	1 c. à soupe (15 ml)	1 c. à soupe (15 ml)
Saumon rose en conserve	2 c. à soupe (30 ml)	2 c. à soupe (30 ml)
Tomate	½ moyenne	½ moyenne
Oignon tranché	3 tranches	3 tranches
Orange	1 petite de 2 à 3 po (5 à 7,5 cm)	1 petite de 2 à 3 po (5 à 7,5 cm)

DÎNER 4

Macaroni au fromage

Si vous voulez accompagner ce dîner d'une tranche de pain légèrement beurrée, réduisez votre portion de macaroni au fromage de ¼ tasse (60 ml).

Si vous n'avez pas de haricots verts ou jaunes, choisissez un des légumes suivants:
- *jusqu'à trois branches de céleri*
- *une carotte moyenne*
- *une grosse tomate*
- *la moitié d'un concombre moyen*

Le macaroni au fromage en boîte est un excellent choix pour le dîner. Faites cuire le macaroni, puis ajoutez le lait et le fromage en poudre. Il n'est pas nécessaire d'ajouter de beurre ni de margarine.

Pour augmenter l'apport en calcium, ajoutez 2 c. à soupe (30 ml) de lait écrémé en poudre au macaroni au fromage.

Pour un bon macaroni au fromage maison, suivez la recette proposée au souper n° 18.

Des haricots jaunes ou verts frais, congelés ou en conserve accompagnent ce repas. Faites cuire les légumes à la vapeur ou au four à micro-ondes, ou encore faites-les bouillir légèrement. Les légumes trop cuits perdent une bonne quantité de vitamines et de minéraux essentiels et ils ont un goût plus fade.

	Par grosse portion	Par petite portion
Glucides	91 g	76 g
Protéines	17,7 g	13,7 g
Gras	10,1 g	6,9 g
Gras saturé	5,3 g	3,9 g
Cholestérol	8 mg	6 mg
Fibres	7,6 g	6,8 g
Sodium	1243 mg	788 mg
Vitamine A	70 µg	50 µg
Acide folique	15 µg	15 µg
Vitamine C	19 mg	19 mg
Potassium	692 mg	591 mg
Calcium	234 mg	189 mg
Fer	4,9 mg	3,9 mg

Menu du dîner	Grand repas (520 calories)	Repas léger (400 calories)
Macaroni au fromage (sans gras ajouté)	1 tasse (250 ml)	¾ tasse (175 ml)
Haricots verts	1 tasse (250 ml)	1 tasse (250 ml)
Olives vertes	3	1
Pomme	1 de 3 po (7,5 cm)	1 de 3 po (7,5 cm)

DÎNER 5

Sandwich grillé au fromage et à la tomate

La mayonnaise contient à peu près la même quantité de calories que la margarine ou le beurre. La mayonnaise ou la margarine légère ne renferme que le tier des calories par rapport à la régulière. Ces choix légers contiennent moins de 45 calories.

	Par grosse portion	Par petite portion
Glucides	76 g	59 g
Protéines	22 g	16,6 g
Gras	17,7 g	13,6 g
Gras saturé	7,3 g	5,1 g
Cholestérol	34 mg	24 mg
Fibres	9,4 g	7,0 g
Sodium	1089 mg	789 mg
Vitamine A	579 µg	532 µg
Acide folique	115 µg	90 µg
Vitamine C	56 mg	44 mg
Potassium	1258 mg	1034 mg
Calcium	461 mg	371 mg
Fer	4,2 mg	3,1 mg

Salade de chou

Donne 6 ¹/₂ tasses (1,625 litre)

4 tasses (1 litre) de chou coupé fin

4 carottes moyennes, râpées

4 branches de céleri finement hachées

1 petit oignon

3 c. à soupe (45 ml) de mayonnaise légère

1 c. à soupe (15 ml) de sucre

¹/₄ tasse (60 ml) de vinaigre

¹/₄ c. à thé (1 ml) de poudre d'ail

Sel et poivre au goût

> **Une portion de ¹/₂ tasse (125 ml)**
> Calories : 36
> Glucides : 6 g
> Protéines 0,7 g
> Gras : 1,2 g

1. Coupez le chou en fines lamelles, râpez les carottes et hachez finement le céleri et l'oignon. Mélangez les légumes dans un grand bol.
2. Dans un petit bol, mélangez la mayonnaise, le sucre, le vinaigre, la poudre d'ail, le sel et le poivre. Ajoutez ce mélange aux légumes et mélangez bien.
3. Couvrez et conservez au réfrigérateur. Se conserve facilement une semaine.

Menu du dîner	Grand repas (520 calories)	Repas léger (400 calories)
Sandwich grillé au fromage et à la tomate	1 ¹/₂ sandwich	1 sandwich
• pain	• 3 tranches	• 2 tranches
• fromage	• 1 ¹/₂ tranche	• 1 tranche
• tomate	• 1 grosse	• 1 moyenne
• laitue	• 1-2 feuilles	• 1-2 feuilles
• mayonnaise	• 2 c. à thé (10 ml)	• 2 c. à thé (10 ml)
Salade de chou	¹/₂ tasse (125 ml)	¹/₂ tasse (125 ml)
Cerises	¹/₂ tasse (125 ml)	¹/₂ tasse (125 ml)
Lait écrémé ou 1 %	¹/₂ tasse (125 ml)	¹/₂ tasse (125 ml)

DÎNER 6

Soupe et assiette froide

Achetez du fromage plus faible en gras:
- *fromage cottage à 1%;*
- *fromage en bloc contenant 20% de matières grasses ou moins.*

Choisissez une soupe de légumes en sachet ou en conserve. Les soupes en sachet contiennent habituellement moins de calories que les soupes en conserve.

Les craquelins (biscuits soda) contiennent beaucoup moins de gras que les autres craquelins. Choisissez de préférence les craquelins non saupoudrés de sel.

Vous pouvez remplacer le petit pain brun par une tranche de pain, 1/2 muffin anglais, un petit muffin au son, quatre biscottes Melba ou six biscuits soda (en plus des deux qui accompagnent votre soupe).

Si vous n'avez pas l'habitude de manger du fromage cottage, remplacez-le par une tranche de fromage à pâte dure.

Vous pouvez remplacer le cornichon à l'aneth par 14 rondelles de piments forts marinés. Pour un choix moins salé, optez pour des concombres trempés dans le vinaigre.

Pour terminer ce repas, vous avez droit à une portion de fruit frais, congelé ou en conserve (dans l'eau ou le jus).

	Par grosse portion	Par petite portion
Glucides	76 g	65 g
Protéines	40,6 g	25,1 g
Gras	9,1 g	6,2 g
Gras saturé	3,4 g	2,2 g
Cholestérol	10 mg	5 mg
Fibres	7,3 g	6,9 g
Sodium	2834 mg	2294 mg
Vitamine A	120 µg	107 µg
Acide folique	134 µg	116 µg
Vitamine C	45 mg	45 mg
Potassium	1051 mg	937 mg
Calcium	242 mg	169 mg
Fer	4,6 mg	4,0 mg

Menu du dîner	Grand repas (520 calories)	Repas léger (400 calories)
Soupe aux légumes (en sachet)	1 tasse (250 ml)	1 tasse (250 ml)
Craquelins (biscuits soda)	3	—
Assiette froide		
• fromage cottage 1%	1 tasse (250 ml)	1/2 tasse (125 ml)
• pêches	2 moitiés	2 moitiés
• cornichon à l'aneth	1 moyen	1 moyen
• laitue	5 grandes feuilles	5 grandes feuilles
• tomate	1 moyenne	1 moyenne
• oignons verts	4	4
• petit pain de blé entier (petit)	1	1
• biscuits à l'arrowroot	2	2

REPAS LÉGER

DÎNER 7

Sandwich au beurre d'arachide et à la banane

- *Mélangez un yogourt nature au lait écrémé et un pot de yogourt ordinaire aux fruits. Une demi-tasse (125 ml) de ce mélange contient 1 ½ c. à thé (7 ml) de sucre.*
- *Pour préparer vous-même votre yogourt aux fruits, vous n'avez qu'à ajouter un fruit à un yogourt faible en gras.*

Je ne me lasse jamais des sandwiches au beurre d'arachide et à la banane.

Préparez vos sandwiches avec 1 c. à soupe (15 ml) de beurre d'arachide et la moitié d'une banane. Ne mettez ni beurre ni margarine.

Vous pouvez aussi mélanger le beurre d'arachide à de la confiture ou du miel. Limitez-vous à 1 c. à thé (5 ml) de confiture ou de miel ou à 2 c. à thé (10 ml) de confiture légère. Dans ce cas, servez la moitié de la banane ou un autre fruit à part.

Le dimanche, mon père raffole d'un sandwich au beurre d'arachide et à l'oignon. Si vous aimez l'oignon, mettez-en autant que vous en voulez dans votre sandwich au beurre d'arachide. Consommez un fruit à part.

Accompagnez ce repas d'un jus de légumes ou de bâtonnets de carotte, comme sur la photo ou de tout autre légume frais.

Une demi-tasse (125 ml) de yogourt ordinaire aux fruits contient 3 c. à thé (15 ml) de sucre ajouté. Un yogourt sucré à l'aide d'un édulcorant hypocalorique vous permettra de réduire cette quantité de sucre.

Vous pouvez choisir entre ½ tasse (125 ml) de yogourt léger et ½ tasse (125 ml) de lait à faible teneur en matières grasses.

	Par grosse portion	Par petite portion
Glucides	79 g	63 g
Protéines	19,6 g	15,2 g
Gras	16,4 g	11,5 g
Gras saturé	3,3 g	2,4 g
Cholestérol	5 mg	4 mg
Fibres	6,2 g	5,2 g
Sodium	1085 mg	904 mg
Vitamine A	883 µg	883 µg
Acide folique	103 µg	87 µg
Vitamine C	22 mg	22 mg
Potassium	1213 mg	1131 mg
Calcium	296 mg	273 mg
Fer	3,8 mg	2,9 mg

Menu du dîner	Grand repas (520 calories)	Repas léger (400 calories)
Sandwich au beurre d'arachide et à la banane	1 ½ sandwich	1 sandwich
• pain blanc	• 3 tranches	• 2 tranches
• beurre d'arachide	• 1 ½ c. à soupe (25 ml)	• 1 c. à soupe (15 ml)
• petite banane	• ½	• ½
Bâtonnets de carotte	1 carotte moyenne	1 carotte moyenne
Jus de tomate ou de légumes	½ tasse (125 ml)	½ tasse (125 ml)
Yogourt faible en gras sucré à l'aide d'un édulcorant hypocalorique	½ tasse (125 ml)	½ tasse (125 ml)

DÎNER 8

Sandwich pita

Garnissez vos pitas d'une grande quantité de légumes et de quelques protéines.

Vous pouvez farcir votre pita avec les légumes suivants :
- laitue et tomate
- fèves germées et germes de luzerne
- carottes râpées
- poivron vert haché

Voici quelques idées pour remplacer le fromage et le jambon
(les portions indiquées correspondent à celles d'un grand repas) :
- $^1/_2$ tasse (125 ml) de thon ou de saumon en conserve dans l'eau
- $^3/_4$ tasse (175 ml) de fromage cottage 1%
- $^1/_3$ tasse (80 ml) de tofu ferme haché
- $^1/_2$ tasse (125 ml) de hoummos
- 1 $^1/_2$ c. à soupe (25 ml) de tartinade tahini aux graines de sésame
- 1 $^1/_2$ c. à soupe (25 ml) de beurre d'arachide

Vous pouvez faire de l'hoummos en réduisant des pois chiches en conserve en purée. Ajoutez-y du citron, de l'ail et des épices, comme du cumin, pour plus de saveur. Vous pouvez aussi acheter de l'hoummos concentré ; vous n'aurez qu'à y ajouter de l'eau.

$^1/_2$ tasse (125 ml) de lait ou d'un autre produit laitier (yogourt ou barre de crème glacée diète) complète bien ce repas.

	Par grosse portion	Par petite portion
Glucides	82 g	60 g
Protéines	24,8 g	21,6 g
Gras	12,9 g	8,9 g
Gras saturé	6,0 g	4,0 g
Cholestérol	44 mg	32 mg
Fibres	5,1 g	3,8 g
Sodium	863 mg	733 mg
Vitamine A	474 µg	439 µg
Acide folique	107 µg	103 µg
Vitamine C	58 mg	51 mg
Potassium	1041 mg	836 mg
Calcium	392 mg	327 mg
Fer	3,9 mg	3,3 mg

Menu du dîner	Grand repas (520 calories)	Repas léger (400 calories)
Pita	1 de 6 po (15 cm)	1 de 6 po (15 cm)
• laitue	$^1/_4$ tasse (60 ml), hachée	$^1/_4$ tasse (60 ml), hachée
• tomate	$^1/_2$ moyenne	$^1/_2$ moyenne
• germes de soya	$^1/_4$ tasse (60 ml)	$^1/_4$ tasse (60 ml)
• carotte	$^1/_2$ petite	$^1/_2$ petite
• poivron vert	2 c. à soupe (30 ml), haché	2 c. à soupe (30 ml), haché
• jambon maigre	1 oz (30 g)	1 oz (30 g)
• cheddar râpé	3 c. à soupe (45 ml)	2 c. à soupe (30 ml)
Prunes	2 moyennes	1 moyenne
Lait écrémé ou 1%	$^1/_2$ tasse (125 ml)	$^1/_2$ tasse (125 ml)
Biscuits au gingembre	2	—

Soupe, salade du chef et petit pain

Lorsque vous commandez une salade au restaurant, demandez qu'on vous apporte un peu de vinaigrette légère à part. Autrement, votre salade risque de baigner dans l'huile et d'être aussi grasse que les frites de votre voisin de table. Au restaurant, les salades sont souvent servies avec du pain à l'ail gras. Demandez plutôt un petit pain ordinaire ou des bâtonnets de pain.

Que vous dîniez à la maison ou au restaurant, vous aurez peut-être le goût d'une soupe, accompagnée d'une salade et d'un petit pain. Les salades du chef, les salades César et les salades grecques sont faciles à préparer. Vous trouverez une recette de salade du chef ci-dessous et une recette de salade grecque à la page 207. Vous pouvez garnir ces salades de croûtons à faible teneur en gras ou de vinaigrettes du commerce sans huile, sans gras or à faible teneur en calories. Les vinaigrettes dites «faibles en gras» devraient contenir moins de 10 calories par cuillerée à soupe. Les vinaigrettes régulières contiennent souvent plus de 100 calories par cuillerée à soupe.

Salade du chef

Donne 2 portions

Une portion
Calories : 256
Glucides : 31 g
Protéines 19,1 g
Gras : 7,6 g

2 tasses (500 ml) de laitue hachée

2 tomates moyennes, tranchées

Autres légumes au choix (oignons, poivrons verts, céleri, radis ou carottes)

1 pomme tranchée

2 tranches de fromage ou de viandes froides

2 œufs durs, tranchés

2 c. à soupe (30 ml) de croûtons

1. Mélangez les légumes et la pomme. Placez la viande ou le fromage ainsi que les œufs sur le dessus.
2. Ajoutez les croûtons et une vinaigrette sans huile.

	Par grosse portion	Par petite portion
Glucides	70 g	56 g
Protéines	24,5 g	22,1 g
Gras	18,8 g	12,1 g
Gras saturé	4,8 g	3,2 g
Cholestérol	267 mg	252 mg
Fibres	7,8 g	6,8 g
Sodium	1470 mg	485 mg
Vitamine A	769 µg	745 µg
Acide folique	122 µg	119 µg
Vitamine C	92 mg	92 mg
Potassium	1106 mg	970 mg
Calcium	141 mg	102 mg
Fer	4,2 mg	3,5 mg

Menu du dîner	Grand repas (520 calories)	Repas léger (400 calories)
Crème de céleri ou de tomate (faite avec de l'eau)	1 tasse (250 ml)	bouillon clair (facultatif)
Craquelins de blé	2 moitiés	—
Salade du chef	1 portion (1/2 de la recette)	1 portion (1/2 de la recette)
Vinaigrette légère	1 c. à soupe (15 ml)	1 c. à soupe (15 ml)
Petit pain blanc	1 petit	1 petit
Margarine	1/2 c. à thé (2 ml)	1/2 c. à thé (2 ml)

REPAS LÉGER

DÎNER 10

Soupe à l'oignon gratinée

Une autre façon de préparer cette soupe consiste à utiliser un sachet de mélange à l'oignon séché pour soupe (ceux contenant des flocons d'oignons). Voyez s'il existe des sortes de mélange à teneur réduite en sel.

On utilise dans cette recette du fromage régulier, car le fromage faible en gras ne brunit pas aussi joliment.

La soupe à l'oignon gratinée est un repas en soi. Voici une recette facile à réaliser à la maison.

Vous pouvez choisir d'autres soupes consistantes comme la soupe aux pois cassés ou aux fèves en conserve, ou encore la soupe de bœuf haché (voir la recette à la page 114). Vous pouvez aussi consommer un potage à base de lait dans lequel vous ajouterez quelques légumes.

Soupe à l'oignon gratinée

Donne 4 portions

Une portion
Calories : 228
Glucides : 23 g
Protéines 12,8 g
Gras : 9,2 g

4 sachets (ou cubes) de mélange de bouillon de bœuf

4 tasses (1 litre) d'eau

2 oignons moyens finement tranchés

4 tranches de pain blanc grillées

4 oz (120 g) de fromage suisse ou mozzarella — cela équivaut à 4 tranches de fromage carrées ayant des côtés de 4 po (10 cm) et ⅛ po (0,3 cm) d'épaisseur

	Par grosse portion	Par petite portion
Glucides	76 g	59 g
Protéines	18,9 g	16,0 g
Gras	18,8 g	14,7 g
Gras saturé	6,7 g	5,9 g
Cholestérol	28 mg	28 mg
Fibres	9,7 g	8,0 g
Sodium	1273 mg	1042 mg
Vitamine A	202 µg	154 µg
Acide folique	158 µg	151 µg
Vitamine C	23 mg	23 mg
Potassium	941 mg	794 mg
Calcium	409 mg	380 mg
Fer	2,7 mg	1,9 mg

1. Dans une casserole, versez le mélange à bouillon, l'eau et les oignons tranchés. Amenez à ébullition. Réduire le feu et laissez mijoter pendant 15 minutes ou jusqu'à ce que les oignons soient tendres.
2. Versez la soupe dans des bols allant au four.
3. Découpez les rôties en carrés. Placez un carré de pain rôti dans chaque bol. Recouvrez le tout d'une tranche de fromage suisse.
4. Faites griller au four jusqu'à ce que le fromage forme des bulles.

Menu du dîner	Grand repas (520 calories)	Repas léger (400 calories)
Soupe à l'oignon	1 portion	1 portion
Salade verte	grande	grande
Vinaigrette sans huile	1 c. à soupe (15 ml)	1 c. à soupe (15 ml)
Pain de seigle	1 tranche	–
Margarine	1 c. à thé (5 ml)	–
Poire	1	1

Soupers

- chaque grand repas contient 730 calories
- chaque repas léger contient 550 calories

SOUPER 1

Poulet au four et pommes de terre

Il est important d'enlever la peau du poulet, trop grasse. Assaisonnez-le avec le Mélange d'épices pour poulet (voir encadré à gauche) qui ne contient ni sucre ni sel. Ou, roulez le poulet dans une panure prête à utiliser (type Shake'n Bake) ou badigeonnez-le légèrement de sauce barbecue.

Faites cuire les morceaux de poulet plus d'une heure au four à 350 °F (175 °C) sur une grille pour permettre au surplus de gras de s'égoutter. Ou faites-le griller au barbecue. Vous pouvez aussi le cuire dans un poêlon antiadhésif dans un peu de sauce barbecue et d'eau. Le poulet est cuit quand on peut percer la chair avec une fourchette et qu'il ne s'écoule aucun liquide rosé. Vous pouvez aussi utiliser un thermomètre; la température interne du poulet doit atteindre 170 °F (77 °C).

Mélange d'épices pour poulet

Donne une quantité suffisante pour de nombreux repas

2 c. à thé (10 ml) d'origan

1 c. à thé (5 ml) de thym

1 c. à thé (5 ml) de paprika

1 c. à thé (5 ml) de poivre

1 c. à thé (5 ml) de poudre de chili

1. Mettez tous les ingrédients dans un pot muni d'un couvercle étanche. Mélangez bien.
2. Saupoudrez le poulet de ce mélange après avoir enlevé la peau.

Comparez le contenu en gras et en sucre d'un poulet acheté dans un fast-food et d'un poulet cuit au four dont vous avez enlevé la peau et le gras.

La poitrine de poulet illustrée sur la photo du repas **léger** contient:

- 1 c. à thé (5 ml) de gras
- aucun sucre

Le même morceau de poulet, pané et frit, acheté dans un fast-food contient:

- 4 c. à thé (20 ml) de gras
- 3 c. à thé (15 ml) de sucre ou d'amidon

Consommez votre pomme de terre nature avec 1 c. à thé (5 ml) de beurre ou de margarine, ou encore 1 c. à soupe (15 ml) de crème sure légère.

Ce plat est servi avec les légumes suivants: céleri, radis et mélange de légumes congelés.

Mélange pour pouding facile à préparer

Les poudings légers sucrés à l'aide d'un édulcorant hypocalorique sont une bonne source de calcium et contiennent moins de calories que les poudings ordinaires. Préparez votre pouding avec du lait écrémé. Le pouding illustré est au caramel écossais, mais vous pouvez choisir votre saveur préférée.

> *Vous pouvez remplacer le mélange de légumes congelés par un de ces légumes sucrés:*
> - *petits pois;*
> - *carottes;*
> - *panais;*
> - *betteraves;*
> - *navet;*
> - *courge (orange).*

> *Les poudings légers ou les mousses légères achetés à l'épicerie doivent contenir la moitié moins de calories que le produit ordinaire.*
>
> *Vous pouvez remplacer le pouding par 1 tasse (250 ml) de lait à faible teneur en gras.*

	Par grosse portion	Par petite portion
Glucides	108 g	82 g
Protéines	59,5 g	44,0 g
Gras	7,7 g	5,6 g
Gras saturé	2,6 g	1,9 g
Cholestérol	127 mg	88 mg
Fibres	13,1 g	10,8 g
Sodium	605 mg	563 mg
Vitamine A	279 µg	275 µg
Acide folique	96 µg	82 µg
Vitamine C	55 mg	42 mg
Potassium	2358 mg	1825 mg
Calcium	270 mg	247 mg
Fer	7,0 mg	5,2 mg

Menu du souper	Grand repas (730 calories)	Repas léger (550 calories)
Poulet au four	1 ½ poitrine de 5 oz (150 g), cuit	1 poitrine de 3 ½ oz (105 g), cuit
Pomme de terre au four, avec pelure	1 grosse	1 moyenne
Crème sure légère	1 ½ c. à soupe (25 ml)	1 c. à soupe (15 ml)
Légumes mélangés	¾ tasse (175 ml)	¾ tasse (175 ml)
Radis	3	3
Céleri	1 branche	1 branche
Pouding léger au caramel écossais	½ tasse (125 ml)	½ tasse (125 ml)

REPAS LÉGER

Spaghetti sauce à la viande

Le spaghetti sauce à la viande est un plat populaire, facile à préparer. Je double souvent cette recette et je congèle le surplus. Il est toujours pratique d'avoir de la sauce à spaghetti au congélateur.

Sauce à la viande

Donne 6 tasses (1,5 litre) de sauce

Une portion de 1 tasse (250 ml)
Calories : 183
Glucides : 15 g
Protéines 16,4 g
Gras : 7,3 g

1 lb (454 g) de bœuf haché, maigre

1 oignon moyen

1 boîte de 28 oz (796 ml) de tomates

1 tasse (250 ml) d'eau

1 petite boîte de 5 oz (156 ml) de pâte de tomate

½ c. à thé (2 ml) de poudre d'ail

2 feuilles de laurier (les retirer avant de servir)

½ c. à thé (2 ml) de poudre de chili

1 c. à thé (5 ml) d'origan

1 c. à thé (5 ml) de basilic

¼ c. à thé (1 ml) de paprika

⅛ c. à thé (0,5 ml) de cannelle moulue

⅛ c. à thé (0,5 ml) de clou de girofle moulu

1 tasse (250 ml) de légumes hachés (poivron vert, céleri ou champignons)

1. Faites revenir le bœuf haché jusqu'à ce qu'il brunisse. Enlevez le plus de gras possible de la poêle.
2. Ajoutez le reste des ingrédients.
3. Amenez à ébullition, puis réduisez le feu. Couvrez et laissez mijoter pendant 2 heures. Remuez de temps en temps pour que la sauce ne colle pas au fond. Si elle épaissit trop, ajoutez de l'eau.
4. Servez sur du spaghetti chaud. Ajoutez du parmesan au goût.

Il est important de toujours faire revenir le bœuf haché (ordinaire ou maigre) et d'enlever ensuite le plus de gras possible de la poêle.

Pour enlever le surplus de gras, ajoutez un peu d'eau chaude à la viande cuite, puis égouttez.

Pour préparer la sauce à spaghetti sans viande, suivez la même recette, mais supprimez la viande et la pâte de tomate. Pour avoir des protéines, saupoudrez votre sauce à spaghetti de 5 c. à soupe (75 ml) de fromage râpé ou de 3 c. à soupe (45 ml) de graines de tournesol (pour le grand repas) et un peu moins pour le repas léger. Ou encore, essayez le Spaghetti sauce végétarienne de Karen sur mealsforgoodhealth.com

Certaines sauces à spaghetti achetées à l'épicerie (en conserve) contiennent une grande quantité de gras, de sucre ou d'amidon. Par exemple, 1 tasse (250 ml) de sauce sans viande contient parfois 2 c. à thé (10 ml) de gras ajouté et 4 c. à thé (20 ml) de sucre ou d'amidon ajouté. Si vous achetez votre sauce à spaghetti, choisissez une sauce légère.

...tti (ordinaire ou de blé entier) dans une casserole d'eau ... ...é, remuez et faites cuire environ 10 minutes. Égouttez.

... des carottes.

...grette à salade sans huile. Pour en savoir plus au sujet des ..., voir le dîner n° 9, à la page 88.

...élatine légère, faible en calories, est un bon choix de dessert après un repas copieux. Elle se prépare en quelques minutes, mais vous devez la laisser reposer environ deux heures au réfrigérateur jusqu'à ce qu'elle prenne une consistance ferme. Si vous trouvez que les sachets de gélatine légère coûtent trop cher, essayez cette recette facile.

*P*our varier, fouettez la gélatine (voir le dîner n° 10, à la page 131). Dans la version fouettée, vous obtenez 4 tasses (1 litre) au lieu de 2 tasses (500 ml).

*L*es sucettes glacées sans sucre constituent un bon dessert faible en calories.

Gélatine légère

Donne 2 tasses (500 ml)

Une portion de ½ tasse (125 ml)
Calories : 14
Glucides : 2 g
Protéines 1,5 g
Gras : 0 g

1 sachet de gélatine non aromatisée

¹/₂ sachet de Kool-Aid ou de Freshie ordinaire

1 tasse (250 ml) d'eau froide

1 tasse (250 ml) d'eau bouillante

Édulcorant hypocalorique — l'équivalent de ¹/₄ tasse (60 ml) de sucre (utilisez-en plus ou moins, à votre goût)

1. Faites dissoudre la gélatine non aromatisée dans ¹/₂ tasse (125 ml) d'eau froide.
2. Ajoutez le Kool-Aid et 1 tasse (250 ml) d'eau bouillante. Remuez jusqu'à ce que la gélatine soit bien mélangée.
3. Ajoutez ¹/₂ tasse (125 ml) d'eau froide et l'édulcorant hypocalorique.
4. Réfrigérez jusqu'à consistance ferme (environ 2 heures).

	Par grosse portion	Par petite portion
Glucides	113 g	91 g
Protéines	42,5 g	30,0 g
Gras	14,1 g	9,6 g
Gras saturé	4,2 g	2,6 g
Cholestérol	51 mg	30 mg
Fibres	11,3 g	8,9 g
Sodium	972 mg	545 mg
Vitamine A	1213 µg	1074 µg
Acide folique	128 µg	110 µg
Vitamine C	44 mg	30 mg
Potassium	1735 mg	1237 mg
Calcium	386 mg	271 mg
Fer	9,6 mg	7,0 mg

Menu du souper	Grand repas (730 calories)	Repas léger (550 calories)
Spaghetti	1 ³/₄ tasse (425 ml)	1 ¹/₂ tasse (375 ml)
Sauce à la viande	1 ¹/₄ tasse (300 ml)	³/₄ tasse (175 ml)
Carottes cuites	¹/₂ tasse (125 ml)	¹/₂ tasse (125 ml)
Salade	moyenne	moyenne
Vinaigrette sans huile	1 c. à soupe (15 ml)	1 c. à soupe (15 ml)
Lait écrémé ou 1%	³/₄ tasse (175 ml)	¹/₂ tasse (125 ml)
Gélatine légère	¹/₂ tasse (125 ml)	¹/₂ tasse (125 ml)

REPAS LÉGER

SOUPER 3

Poisson et riz

La sole, le doré, le sébaste et l'aiglefin sont des poissons maigres. Le tassergal (bluefish) est un poisson moyennement gras. La truite et le saumon rouge sont des poissons plus gras. Si vous choisissez un poisson gras, réduisez les portions.

Les épices et les herbes suivantes vont bien avec le poisson :
- *piment de la Jamaïque*
- *basilic*
- *épices cajun*
- *cari*
- *aneth*
- *moutarde*
- *origan*
- *persil*
- *thym*

Une tasse (250 ml) de riz brun cuit contient 50 calories de moins que 1 tasse (250 ml) de riz blanc cuit.

La sauce soya légère contient peu de gras et remplace agréablement, sur le riz, le beurre ou la margarine.

Vous pouvez faire griller le poisson ou le cuire au four à 400 °F (200 °C). Le poisson sur la photo est un vivaneau cuit au four et badigeonné d'un peu de margarine. Vous pouvez également le faire cuire au four à micro-ondes, à la vapeur, sur le barbecue ou encore le faire frire dans une poêle à surface anti-adhésive dans une petite quantité de gras seulement. Si vous le préparez au four ou sur votre barbecue, enveloppez-le de papier d'aluminium. Le poisson est délicieux lorsqu'il est cuit avec des épices, des oignons et des légumes dans du papier d'aluminium.

Avant de faire cuire le poisson

Piquez le poisson avec une fourchette et arrosez-le de 2 c. à soupe (30 ml) de jus de citron ou de ¼ tasse (60 ml) de vin blanc sec, puis saupoudrez-le de vos épices préférées. Vous pouvez également l'enrober de chapelure ou de farine.

Le secret pour réussir un poisson savoureux, c'est d'éviter de trop le cuire. Le poisson est cuit lorsque sa chair se défait facilement avec une fourchette.

Le poisson est délicieux accompagné de citron, d'un peu de sauce tartare ou encore de salsa.

Pour le riz

Suivez les instructions sur l'emballage.

Si vous êtes pressé, vous pouvez utiliser du riz à cuisson rapide. Il sera prêt en 5 minutes.

Les légumes

Ce plat est servi avec des pois, un légume sucré, et avec des haricots jaunes et verts, qui sont moins sucrés. Pour plus de saveur sans trop de calories, mélangez une petite boîte de champignons en conserve avec les pois.

Voici d'autres suggestions de légumes peu sucrés :
- courge d'été ou courge spaghetti ;
- brocolis ;
- chou-fleur ;
- épinards.

Vous trouverez une liste plus exhaustive à la page 131.

Lait frappé aux fruits

Donne 2 tasses (500 ml)

1 tasse (250 ml) de lait écrémé

½ tasse (125 ml) d'un fruit au choix, congelé ou frais

1 c. à soupe (15 ml) de sucre ou d'édulcorant hypocalorique

Une portion de 1 tasse (250 ml)
Calories : 81
Glucides : 16 g
Protéines 4,4 g
Gras : 0,3 g

1. Versez le lait dans un bol à mélanger ou dans un mélangeur électrique. Mettez le bol ou le mélangeur au congélateur pendant une demi-heure.
2. Sortez le bol ou le mélangeur du congélateur. Ajoutez le fruit et le sucre (ou l'édulcorant hypocalorique). Passez au mélangeur électrique pendant environ 30 secondes. Si vous n'avez pas de mélangeur, mélangez dans un bol à l'aide de batteurs jusqu'à ce que le mélange devienne épais et mousseux. Servez immédiatement.

Revenez à la page 37 pour savoir quelle quantité d'édulcorant hypocalorique utiliser.

	Par grosse portion	Par petite portion
Glucides	100 g	78 g
Protéines	61,1 g	43,9 g
Gras	9,9 g	8,0 g
Gras saturé	1,9 g	1,6 g
Cholestérol	81 mg	55 mg
Fibres	13,9 g	12,3 g
Sodium	299 mg	262 mg
Vitamine A	187 µg	167 µg
Acide folique	79 µg	72 µg
Vitamine C	93 mg	92 mg
Potassium	1775 mg	1440 mg
Calcium	318 mg	285 mg
Fer	4,1 mg	3,5 mg

Menu du souper	Grand repas (730 calories)	Repas léger (550 calories)
Poisson avec tranche de citron	6 oz (180 g), cuit	4 oz (120 g), cuit
Margarine (pour cuire le poisson)	1 c. à thé (5 ml)	1 c. à thé (5 ml)
Riz brun	1 ¼ tasse (300 ml)	¾ tasse (175 ml)
Petits pois	½ tasse (125 ml)	½ tasse (125 ml)
Haricots jaunes	1 tasse (250 ml)	1 tasse (250 ml)
Lait frappé aux fruits	1 tasse (250 ml)	1 tasse (250 ml)
Kiwi	1 moyenne de 3 po (7,5 cm)	1 moyenne de 3 po (7,5 cm)

REPAS LÉGER

SOUPER 4

Rôti de bœuf

Pour préparer un rôti savoureux

- Déposez le rôti sur une grille dans une rôtissoire sans couvercle. Ajoutez 1 tasse (250 ml) d'eau. Poivrez la viande, mais ne la salez pas (le sel a tendance à la rendre plus sèche). Faites cuire au four à 500 °F (260 °C) pendant 30 minutes.
- Réduisez la chaleur du four à 275 °F (135 °C). Laissez le rôti à découvert et prolongez la cuisson pendant une heure et demie pour un rôti de 5 lb (2,3 kg).

Après avoir retiré le rôti de la rôtissoire, enlevez le gras à la cuillère. Pour vous faciliter la tâche, mettez quelques cubes de glace dans le jus de viande et le gras s'y collera. Retirez ensuite les cubes de glace avec une cuillère. Si vous avez le temps de laisser refroidir le jus, vous pourrez alors retirer facilement le gras figé. Vous pouvez servir le jus de viande tel quel ou l'épaissir en suivant la recette suivante.

Sauce faible en gras

Donne 2 1/3 tasses (575 ml)

Une portion de 1/4 tasse (60 ml)
Calories : 19
Glucides : 6 g
Protéines 0,8 g
Gras : 0,1 g

2 sachets de mélange pour bouillon de bœuf (ou 2 cubes)

(pour la volaille, utilisez du bouillon de poulet)

1 c. à thé (5 ml) de mélange pour soupe à l'oignon ou 1 c. à soupe (15 ml) d'oignon haché fin

2 tasses (500 ml) de liquide (jus de viande sans gras ou eau de cuisson des pommes de terre ou encore d'un autre légume)

1/4 tasse (60 ml) de fécule de maïs ou de farine instantanée

1/2 tasse (125 ml) d'eau froide

1. Mettez le bouillon de bœuf et le mélange de soupe à l'oignon dans les 2 tasses (500 ml) de liquide chaud.
2. Dans un pot, mélangez la farine et l'eau froide. Refermez bien le couvercle et agitez. Incorporez lentement ce mélange au bouillon chaud et faites cuire à feu moyen. Remuez souvent avec un fouet jusqu'à ce que la sauce devienne épaisse et lisse, soit environ 5 minutes.

Pour préparer les pommes de terre au four, pelez puis faites cuire les pommes de terre pendant une heure sur une grille ou dans une casserole anti-adhésive ou graissée. Enrobez-les ensuite de vinaigrette italienne sans huile ou saupoudrez-les d'épices.

Servez ce plat avec des betteraves, comme sur la photo, des carottes, des navets, du maïs, des petits pois ou avec un autre légume.

Pour dessert, servez la compote de rhubarbe avec de la crème glacée faible en gras (10 % de M.G.), du sorbet, du yogourt glacé ou du lait glacé. Si vous ne voulez pas de dessert, buvez une tasse de lait avec votre repas.

Assaisonnez votre rôti de bœuf avec du raifort; ce condiment ne contient pas beaucoup de gras.

Cette compote de rhubarbe est délicieuse comme dessert ou comme collation, servie chaude sur une rôtie.

L'édulcorant hypocalorique contenu dans le mélange à boisson suffit pour sucrer ce dessert.

Compote de rhubarbe

Donne 1 ³/₄ tasse (425 ml)

4 tasses (1 litre) de rhubarbe (fraîche ou congelée) en morceaux de 1 po (2,5 cm)

2 c. à soupe (30 ml) d'eau

¹/₂ c. à thé (2 ml) de mélange à boisson sans sucre (à la fraise ou à la framboise)

Un soupçon de cannelle

Une portion de 1 tasse (250 ml)
Calories : 66
Glucides : 13 g
Protéines 2,6 g
Gras : 0,6 g

1. Dans une casserole épaisse, mettez la rhubarbe et l'eau, puis faites cuire à feu doux. Au besoin, ajoutez de l'eau. Laissez mijoter environ 15 minutes ou jusqu'à ce que la rhubarbe soit tendre.
2. Retirez du feu et, pendant que le mélange est encore chaud, ajoutez le mélange à boisson sans sucre et la cannelle.
3. Servez chaud ou froid. Se conserve au réfrigérateur.

	Par grosse portion	Par petite portion
Glucides	92 g	73 g
Protéines	53,8 g	35,5 g
Gras	19,0 g	14,6 g
Gras saturé	7,1 g	5,6 g
Cholestérol	124 mg	83 mg
Fibres	13,6 g	12,1 g
Sodium	392 mg	268 mg
Vitamine A	86 µg	86 µg
Acide folique	164 µg	149 µg
Vitamine C	57 mg	48 mg
Potassium	2828 mg	2306 mg
Calcium	361 mg	353 mg
Fer	6,0 mg	4,3 mg

Menu du souper	Grand repas (730 calories)	Repas léger (550 calories)
Rôti de bœuf	5 oz (150 g), cuit	3 oz (90 g), cuit
Raifort	1 c. à soupe (15 ml)	1 c. à soupe (15 ml)
Oignons au four (ou au vinaigre)	3 petits ou 1 moyen	3 petits ou 1 moyen
Pomme de terre au four	1 grosse	1 moyenne
Sauce faible en gras	¹/₄ tasse (60 ml)	2 c. à soupe (30 ml)
Betteraves	¹/₂ tasse (125 ml)	¹/₂ tasse (125 ml)
Salade	petite	petite
Vinaigrette italienne sans huile	1 c. à soupe (15 ml)	1 c. à soupe (15 ml)
Compote de rhubarbe	1 tasse (250 ml)	1 tasse (250 ml)
Crème glacée	¹/₃ tasse (80 ml)	¹/₃ tasse (80 ml)

REPAS LÉGER

SOUPER 5

Assiette froide

2 oz (60 g) de fromage ordinaire (32 % de gras) renferment à peu près le même nombre de calories que :
- 3 oz (90 g) de fromage maigre (17 % de gras) ;
- 1 ¼ tasse (300 ml) de fromage cottage 1 %.

Vous pouvez remplacer le fromage illustré sur la photo par du fromage moins gras (voir l'encadré).

Pour le poisson, vous pouvez choisir entre le saumon, le thon, les sardines, les crevettes, le crabe ou le homard, en conserve dans l'eau. Vous pouvez manger du saumon rouge pour ce repas, mais il serait peut-être préférable de choisir du saumon rose qui est un peu moins gras que le rouge. Vous pouvez remplacer le poisson par une tranche de viande froide.

Comme féculent, vous pouvez opter pour un petit pain au lait, 2 tranches de pain ou 8 toasts melba. Ajoutez la quantité voulue de légumes frais de toutes sortes.

Un délicieux pouding au riz complétera ce repas. Pas trop crémeux, il est délicatement aromatisé à la cannelle et juste assez sucré. Il se mange aussi bien chaud que froid.

Pouding au riz

Donne 4 tasses (1 litre) ou 8 portions

1 œuf

1 ¹/₂ tasse (375 ml) de lait écrémé

2 c. à soupe (30 ml) de sucre (ou d'édulcorant hypocalorique)

¹/₂ c. à thé (2 ml) de cannelle moulue

¹/₂ c. à thé (2 ml) de vanille

2 tasses (500 ml) de riz cuit (brun ou blanc)

¹/₄ tasse (60 ml) de raisins secs

Une portion de 1 tasse (250 ml)
Calories : 212
Glucides : 41 g
Protéines 7,6 g
Gras : 2,4 g

1. Dans un grand bol, battez l'œuf, le lait, le sucre ou l'édulcorant, la cannelle et la vanille à l'aide d'une cuillère en bois ou d'un fouet.
2. Incorporez le riz et les raisins secs en brassant.
3. Versez le mélange dans un plat légèrement graissé allant au four.
4. Faites cuire à 350 °F (175 °C) pendant 45 minutes ou jusqu'à ce que le centre soit bien pris.

Vous pouvez remplacer le pouding au riz par un pouding léger, une petite portion de sorbet ou de yogourt glacé ou encore un fruit frais ou du pain aux bananes (allez sur le site mealsforgoodhealth.com pour la recette).

	Par grosse portion	Par petite portion
Glucides	75 g	64 g
Protéines	40,2 g	31,4 g
Gras	32,1 g	20,4 g
Gras saturé	14,9 g	8,4 g
Cholestérol	134 mg	90 mg
Fibres	7,1 g	6,6 g
Sodium	1042 mg	829 mg
Vitamine A	346 µg	228 µg
Acide folique	91 µg	83 µg
Vitamine C	65 mg	65 mg
Potassium	1024 mg	930 mg
Calcium	774 mg	540 mg
Fer	3,7 mg	3,3 mg

Menu du souper	Grand repas (730 calories)	Repas léger (550 calories)
Assiette froide		
• laitue ou épinards	toute une assiette	toute une assiette
• tomate	¹/₂ moyenne	¹/₂ moyenne
• poivron vert et rouge	5 rondelles	5 rondelles
• concombre	4 tranches épaisses	4 tranches épaisses
• radis	2 gros	2 gros
• saumon rouge en conserve dans l'eau	¹/₂ tasse (125 ml)	¹/₂ tasse (125 ml)
• cheddar	2 oz (60 g)	1 oz (30 g)
• petit pain, blé entier	1	1
• margarine	¹/₂ c. à thé (2 ml)	—
Pouding au riz	1 tasse (250 ml)	³/₄ tasse (175 ml)

REPAS LÉGER

SOUPER 6

Soupe de bœuf haché et pain bannock

L'avantage de cette soupe, c'est qu'elle constitue un repas en soi. Conservez le surplus au congélateur.

Soupe de bœuf haché

Donne 10 tasses (2,5 litres)

| **Une portion de 1 ½ tasse (375 ml)** |
| Calories : 226 |
| Glucides : 26 g |
| Protéines 16,1 g |
| Gras : 7,4 g |

1 lb (454 g) de bœuf haché ou 1 lb (454 g) de viande de gibier en morceaux ou hachée

1 oignon moyen, haché

1 gousse d'ail ou ¼ c. à thé (1 ml) d'ail en poudre

1 boîte de tomates de 19 oz (540 ml)

1 boîte de 10 oz (284 ml) de soupe aux tomates

1 c. à thé (5 ml) de sauce Worcestershire

⅛ c. à thé (0,5 ml) de poivre

4 tasses (1 litre) d'eau

4 sachets de mélange à bouillon de bœuf (ou 4 cubes)

3 carottes moyennes, pelées et tranchées

1 tasse (250 ml) de chou tranché fin

1 boîte de 12 oz (341 ml) de maïs en grains

¼ tasse (60 ml) de macaroni non cuit

1. Faites revenir la viande hachée jusqu'à ce qu'elle brunisse. Retirez de la poêle le plus de gras possible.
2. Ajoutez les oignons et l'ail, puis faites cuire à feu doux jusqu'à ce que les oignons deviennent tendres.
3. Ajoutez les tomates, la soupe aux tomates, la sauce Worcestershire, le poivre, l'eau et le mélange à bouillon.
4. Amenez à ébullition, couvrez et laissez mijoter pendant une demi-heure.
5. Ajoutez les légumes et le macaroni. Couvrez et laissez mijoter une demi-heure de plus.

Si vous ne connaissez pas le pain bannock, essayez-le! C'est un pain sans levure facile à préparer. On le fait cuire au four ou dans une poêle à frire en fonte. Vous pouvez remplacer le pain bannock illustré sur la photo par deux tranches de pain ou un petit pain.

Pain bannock

Donne un pain de 9 po (23 cm) ou 10 portions

Un morceau de pain
Calories : 190
Glucides : 31,5 g
Protéines 4,8 g
Gras : 4,8 g

3 tasses (750 ml) de farine

1 c. à soupe (15 ml) de levure chimique (poudre à pâte)

1 c. à thé (5 ml) de sel

1 c. à soupe (15 ml) de sucre

¼ tasse (60 ml) de margarine, autre gras fondu

ou d'huile végétale

1 tasse (250 ml) de lait écrémé

1. Dans un grand bol, mélangez la farine, la levure chimique (poudre à pâte), le sel et le sucre.
2. Mélangez la margarine fondue et le lait. Ajoutez ce mélange à la farine. À l'aide d'une cuillère en bois, mélangez la pâte jusqu'à consistance lisse.
3. Étendez la pâte sur une planche ou sur la table enfarinée. Avec les mains, abaissez-la pour former un carré de 9 po (23 cm).
4. Déposez la pâte sur une plaque à biscuits anti-adhésive ou légèrement graissée. Faites cuire au four à 375 °F (190 °C) pendant 20 minutes ou jusqu'à ce que le pain soit légèrement bruni.
5. Découpez en 10 morceaux.

Pour cuire le bannock sur un feu de camp ou sur un réchaud de camping, préparez la pâte à pain avec seulement 2 c. à soupe (30 ml) de margarine ou de gras. Ajoutez 1 c. à soupe (15 ml) supplémentaire de lait pour garder la pâte lisse. Dans une poêle en fonte, faites fondre 2 c. à soupe (30 ml) de gras et faites frire le bannock à feu doux pendant 10 minutes de chaque côté. Ce pain frit contient la même quantité de gras que celui cuit au four.

Le pain bannock se prépare avec n'importe quel gras. J'utilise la margarine parce qu'elle donne une belle couleur dorée au pain.

Je préfère le lait à l'eau parce que le lait aide à faire lever la pâte et donne un pain plus savoureux et nutritif.

Pour donner un goût délicieux à votre bannock, ajoutez à la pâte ¼ tasse (60 ml) de raisins secs ou de bleuets.

	Par grosse portion	Par petite portion
Glucides	111 g	80 g
Protéines	27,4 g	22,7 g
Gras	20,9 g	16,1 g
Gras saturé	5,2 g	4,2 g
Cholestérol	35 mg	34 mg
Fibres	8,9 g	7,8 g
Sodium	2187 mg	1823 mg
Vitamine A	757 µg	692 µg
Acide folique	111 µg	103 µg
Vitamine C	116 mg	116 mg
Potassium	1125 mg	1048 mg
Calcium	269 mg	198 mg
Fer	6,1 mg	4,6 mg

Menu du souper	Grand repas (730 calories)	Repas léger (550 calories)
Soupe de bœuf haché	1 ½ tasse (375 ml)	1 ½ tasse (375 ml)
Pain bannock	2 morceaux	1 morceau
Margarine	1 c. à thé (5 ml)	1 c. à thé (5 ml)
Orange	1 grosse	1 grosse

REPAS LÉGER

SOUPER 7

Fèves et saucisses

***P**our plus de goût, assaisonnez ce plat avec un des condiments suivants:*

- *1 c. à soupe (15 ml) de salsa;*
- *1 c. à thé (5 ml) de sauce Worcestershire;*
- *¼ c. à thé (1 ml) de sauce piquante.*

Les saucisses de bœuf ou de porc contiennent beaucoup de gras et de sel. Quelques saucisses suffisent pour préparer ce plat. Les fèves, faibles en gras, vous fournissent des protéines et des fibres.

Choisissez une saucisse maigre, de dinde par exemple. Les saucisses au tofu, végétariennes, sont encore plus maigres. Le tofu est fait avec des fèves de soya, riches en protéines et faibles en gras. À l'épicerie, le tofu et les saucisses de tofu se trouvent habituellement dans la section des légumes.

Fèves et saucisses	Une portion de 1 tasse (250 ml)
Donne 2 ¼ tasses (560 ml)	Calories : 333
	Glucides : 40 g
1 boîte de fèves à la sauce tomate de 14 oz (398 ml)	Protéines 15,1 g
	Gras : 15,1 g
3 saucisses ordinaires	

1. Placez les fèves dans une casserole ou un plat allant au four.
2. Ajoutez les saucisses tranchées.
3. Faites chauffer sur la cuisinière ou au four à micro-ondes.

Le plat de fèves et de saucisses est servi avec des rôties et une salade verte. Pour dessert, servez une mousse au chocolat.

Voici une recette facile pour préparer une délicieuse mousse bien onctueuse.

Mousse au chocolat	Une portion de ½ tasse (125 ml)
Donne 6 portions de ½ tasse (125 ml)	Calories : 82
	Glucides : 11 g
1 sachet de mélange léger pour pouding instantané au chocolat (4 portions)	Protéines 2,7 g
	Gras : 3,1 g

1 ½ tasse (375 ml) de lait écrémé

1 tasse (250 ml) de garniture fouettée congelée, décongelée

> *Vous pouvez préparer la mousse au chocolat avec un mélange ordinaire au lieu d'un mélange léger. De cette manière, chaque portion contiendra 2 ½ c. à thé (12 ml) de sucre de plus.*

1. Versez 1 ½ tasse (375 ml) de lait écrémé dans un bol moyen et ajoutez le mélange pour pouding. Battez avec un fouet ou un mélangeur électrique jusqu'à ce que le mélange devienne épais (environ 2 minutes).
2. Incorporez la garniture fouettée, décongelée et mélangez bien (si vous voulez un effet marbré, incorporez la garniture délicatement, mais sans mélanger complètement).
3. Versez dans des bols à dessert et servez.

	Par grosse portion	Par petite portion
Glucides	94 g	75 g
Protéines	30,0 g	22,4 g
Gras	31,8 g	22,8 g
Gras saturé	10,9 g	7,5 g
Cholestérol	47 mg	32 mg
Fibres	26,0 g	18,7 g
Sodium	2554 mg	1900 mg
Vitamine A	147 µg	120 µg
Acide folique	187 µg	163 µg
Vitamine C	20 mg	17 mg
Potassium	1497 mg	1175 mg
Calcium	304 mg	252 mg
Fer	3,3 mg	2,7 mg

Menu du souper	Grand repas (730 calories)	Repas léger (550 calories)
Fèves et saucisses	1 ½ tasse (375 ml)	1 tasse (250 ml)
Rôtie	2 petites ou 1 tranche ordinaire	2 petites ou 1 tranche ordinaire
Margarine	½ c. à thé (2 ml)	—
Salade verte	grande	grande
Vinaigrette sans huile	1 c. à soupe (15 ml)	1 ½ c. à thé (7 ml)
Mousse au chocolat	½ tasse (125 ml)	½ tasse (125 ml)

REPAS LÉGER

Steak et pommes de terre

Choisissez des coupes de bœuf de ronde ou de longe. Elles contiennent moins de gras et sont moins chères.

Enlevez tout le gras.

Si vous utilisez un barbecue, faites bien attention de ne pas faire brûler la viande. Pour cela, vaporisez légèrement le charbon avec de l'eau pour éteindre les flammes.

La manière la plus simple de préparer le steak, c'est de le faire griller au barbecue ou au four, ou encore de le faire revenir dans une poêle en fonte très chaude dans très peu d'eau. Si vous le préparez à la poêle, mettez le couvercle pour éviter les éclaboussures de gras. Faites-le cuire pendant environ 4 minutes de chaque côté.

Si vous préférez votre steak plus tendre, voici d'autres manières de le faire cuire:

- Faites-le mariner quelques heures dans la Marinade pour brochettes (voir page 206), avant de le faire griller sur le barbecue ou au four.
- Faites-le mariner quelques heures dans des tomates en conserve, du vin, du vinaigre de vin, de la bière ou du yogourt nature. Puis faites-le cuire à la poêle dans une petite quantité de bouillon ou d'eau, ou encore faites-le griller au barbecue ou au four.
- Dans une casserole, faites cuire le steak dans un peu de bouillon de bœuf ou d'eau jusqu'à ce qu'il brunisse. Versez une boîte de tomates ou 1 tasse (250 ml) de salsa. Couvrez et laissez mijoter pendant une heure.

Les champignons frais sont délicieux grillés sur le barbecue ou au four. Vous pouvez aussi faire cuire les champignons frais ou en conserve dans une casserole à part ou dans la même casserole que le steak.

Servez le steak avec une pomme de terre en purée faible en gras, bouillie ou au four.

Purée de pommes de terre faible en gras

Réduisez les pommes de terre en purée et ajoutez-y seulement du lait, sans beurre ni margarine. Ajoutez suffisamment de lait pour obtenir une purée crémeuse et onctueuse.

Mélange d'épices

Vous pouvez facilement préparer ce mélange d'épices. Saupoudrez-en le steak, les pommes de terre ou le riz et les légumes.

2 c. à thé (10 ml) d'ail en poudre	
2 c. à thé (10 ml) de poudre de citron séché	
1 c. à thé (5 ml) de basilic	
1 c. à thé (5 ml) d'origan	
1 c. à thé (5 ml) de poivre moulu	
1 c. à thé (5 ml) de chili en poudre	

__T__rouvez-vous que vos aliments sont fades quand vous n'y ajoutez pas une pincée de sel? Si oui, saupoudrez votre viande, vos pommes de terre et vos légumes

- *de poivre;*
- *de persil frais ou séché;*
- *de poudre d'oignon;*
- *de poudre d'ail;*
- *d'épices ou d'herbes;*
- *d'un mélange à épices sans sel ajouté prêt à utiliser;*
- *de jus de citron ou de lime.*

Pour assaisonner votre salade, choisissez une vinaigrette sans huile ou sans gras.

Les choux de Bruxelles sont des choux miniatures. Si vous n'en avez pas, remplacez-les par un de vos légumes préférés.

Le sorbet, le yogourt glacé, le lait glacé et la crème glacée 10% de M.G. contiennent moins de gras que la crème glacée ordinaire.

	Par grosse portion	Par petite portion
Glucides	**83 g**	**73 g**
Protéines	**56,3 g**	**37,0 g**
Gras	**21,1 g**	**15,0 g**
Gras saturé	8,0 g	5,4 g
Cholestérol	84 mg	53,4 mg
Fibres	8,1 g	7,3 g
Sodium	420 mg	378 mg
Vitamine A	132 µg	128 µg
Acide folique	254 µg	246 µg
Vitamine C	82 mg	77 mg
Potassium	2147 mg	1729 mg
Calcium	172 mg	157 mg
Fer	5,3 mg	3,8 mg

Menu du souper	**Grand repas (730 calories)**	**Repas léger (550 calories)**
Steak	5 oz (150 g), cuit	3 oz (90 g), cuit
Purée de pommes de terre faible en gras	1 tasse (250 ml)	2/3 tasse (150 ml)
Champignons	1/2 tasse (125 ml)	1/2 tasse (125 ml)
Choux de Bruxelles	3/4 tasse (175 ml)	3/4 tasse (175 ml)
Salade	grande	grande
Vinaigrette sans huile	1 c. à soupe (15 ml)	1 c. à soupe (15 ml)
Sorbet	1/2 tasse (125 ml)	1/2 tasse (125 ml)

REPAS LÉGER

SOUPER 9

Omelette au fromage

L'omelette constitue un excellent repas. Je sers une omelette au fromage à peu près une fois par semaine parce qu'elle est facile à préparer et qu'elle est prête en un clin d'œil. Il n'y a aucun problème à manger des œufs au repas principal une fois par semaine à condition qu'ils remplacent la viande.

Omelette au fromage

Cette recette convient pour le grand repas. La portion du repas léger est la même, sauf que vous devez préparer l'omelette avec un seul œuf.

2 œufs

1 oz (30 g) ou une tranche de fromage en morceaux

1. Dans un petit bol, battez les œufs. Versez-les dans une poêle anti-adhésive.
2. Déposez le fromage sur les œufs.
3. Couvrez la poêle et laissez cuire à feu doux pendant environ 5 minutes.

Sur votre brocoli, vous pouvez verser 1 c. à soupe (15 ml) de fromage à tartiner léger qui contient le même nombre de calories que 1 c. à thé (5 ml) de beurre ou de margarine.

Pour le dessert, offrez-vous un ou deux biscuits à l'avoine ou un biscuit ordinaire (digestif ou au gingembre).

Vous pouvez ajouter un blanc d'œuf supplémentaire à votre omelette. Le blanc d'œuf ne contient pas de cholestérol et seulement 20 calories. Le jaune d'œuf en contient 60.

Ajoutez à votre omelette:
- *un peu d'aneth ou de persil frais ou séché;*
- *1 c. à soupe (15 ml) d'oignon, d'oignon vert ou de ciboulette, finement haché.*

Biscuits à l'avoine

Donne 36 biscuits

Un biscuit
Calories : 75
Glucides : 13 g
Protéines 1,4 g
Gras : 2,0 g

¹/₃ tasse (80 ml) de margarine

³/₄ tasse (175 ml) de cassonade bien tassée

1 œuf

¹/₂ tasse (125 ml) de lait écrémé

1 c. à thé (5 ml) de vanille

1 tasse (250 ml) de farine

1 c. à thé (5 ml) de levure chimique (poudre à pâte)

1 c. à thé (5 ml) de bicarbonate de soude

1 c. à thé (5 ml) de cannelle moulue

1 ¹/₂ tasse (375 ml) de flocons d'avoine

1 tasse (250 ml) de raisins secs

1. Dans un grand bol, mélangez la margarine, la cassonade et l'œuf. Battez à l'aide d'une cuillère en bois jusqu'à ce que le mélange soit lisse. Ajoutez le lait et la vanille.
2. Dans un bol moyen, mélangez la farine, la levure chimique (poudre à pâte), le bicarbonate de soude, la cannelle et les flocons d'avoine.
3. Versez le mélange de farine dans le grand bol. Mélangez bien. Incorporez les raisins secs et mélangez bien.
4. Par petites cuillerées, déposez la pâte sur une plaque à biscuits anti-adhésive. La pâte doit être collante. Faites cuire au four à 375 °F (190 °C) pendant environ 10 minutes ou jusqu'à ce que les biscuits soient bien dorés.

*P*our protéger vos casseroles et vos plaques à biscuits anti-adhésives, utilisez une spatule ou une cuillère en plastique plutôt qu'en métal. Rangez vos plaques et casseroles de manière à prévenir les éraflures. J'enveloppe les miennes dans des linges à vaisselle.

	Par grosse portion	Par petite portion
Glucides	73 g	58 g
Protéines	36,5 g	28,7 g
Gras	36,3 g	25,7 g
Gras saturé	13,7 g	11,1 g
Cholestérol	483 mg	262 mg
Fibres	11,9 g	11,3 g
Sodium	1176 mg	1001 mg
Vitamine A	560 µg	403 µg
Acide folique	207 µg	187 µg
Vitamine C	173 mg	173 mg
Potassium	1081 mg	958 mg
Calcium	510 mg	468 mg
Fer	6,2 mg	5,1 mg

Menu du souper	**Grand repas (730 calories)**	**Repas léger (550 calories)**
Omelette au fromage	1 grande	1 petite
Rôtie	2 tranches	2 tranches
Margarine	2 c. à thé (10 ml)	1 c. à thé (5 ml)
Brocoli	2 tasses (500 ml) de morceaux	2 tasses (500 ml) de morceaux
Fromage à tartiner léger	1 c. à soupe (15 ml)	1 c. à soupe (15 ml)
Biscuits à l'avoine	2	1

REPAS LÉGER

SOUPER 10

Jambon et patate douce

Les jambons que l'on trouve dans le commerce contiennent une petite quantité de sucre ou de miel ajouté. Le jambon «au miel» ne contient pas plus de sucre que le jambon ordinaire.

Suggestions pour la cuisson de la patate douce:

- *au four à micro-ondes, à température élevée pendant 10 minutes;*
- *bouillie avec la pelure (enlevez la pelure quand la patate douce est cuite).*

Garnissez le chou-fleur avec la chapelure maison assaisonnée. Vous pouvez également utiliser cette chapelure sur d'autres légumes et plats gratinés.

Pour ce repas, achetez un jambon cuit. Choisissez celui qui a le moins de gras. Déposez le jambon dans une rôtissoire sur une grille. Mettez-le au four pendant environ 25 minutes par lb (55 minutes par kg) à 325 °F (160 °C). Si vous utilisez un thermomètre, faites cuire à 160 °F.

Vous pouvez assaisonner et décorer le jambon en enfonçant une douzaine de clous de girofle entiers à la surface de la viande. Je place souvent des tranches d'ananas sur le jambon pendant la dernière demi-heure de cuisson.

Le jambon est délicieux avec de la moutarde.

La patate douce ne contient pas les mêmes vitamines ni les mêmes minéraux qu'une pomme de terre et c'est une solution de remplacement intéressante. Tout comme les oranges, les courges et les carottes, les patates douces sont riches en vitamine A (vitamine très importante pour garder vos yeux en santé). Faites-la cuire au four comme une pomme de terre ordinaire. Piquez-la d'abord avec une fourchette, puis placez-la au four préchauffé jusqu'à ce qu'elle soit tendre, soit environ une heure.

Chapelure assaisonnée

Donne un peu plus de 1 tasse (250 ml)

Vous pouvez acheter la chapelure déjà prête ou encore préparer la vôtre avec du pain et des épices.

Une portion de 1 c. à thé (5 ml)
Calories : 9
Glucides : 2 g
Protéines 0,4 g
Gras : 0,2 g

1 tasse (250 ml) de chapelure

2 c. à soupe (30 ml) de parmesan

1 c. à soupe (15 ml) de persil séché

1 c. à thé (5 ml) d'origan

½ c. à thé (2 ml) de poudre d'ail

⅛ c. à thé (0,5 ml) de poivre

Mélangez les ingrédients. La chapelure assaisonnée se conserve au réfrigérateur ou au congélateur.

Les légumes sont tous excellents, mais certains, comme le chou-fleur, le brocoli et les haricots jaunes, sont plus riches en fibres et en eau. Ils contiennent donc moins de calories.

Légumes à faible teneur en gras

- asperges
- aubergine
- brocoli
- céleri
- champignons
- chou
- chou-fleur
- choux de Bruxelles
- concombre
- courge à moelle
- courges d'été ou courges spaghetti
- courgettes
- fèves germées
- fèves rouges ou jaunes
- haricots verts ou jaunes
- légumes à feuilles comme la laitue et les épinards
- oignons
- okra
- poivrons verts ou rouges
- radis
- têtes de violon
- tomates

Gélatine fouettée

Donne 4 tasses (1 litre)

1 sachet de gélatine légère de votre saveur préférée.

Chaque tasse de gélatine
Calories : 14
Glucides : 2 g
Protéines : 1,5 g
Gras : 0 g

1. Préparez la gélatine en suivant les instructions sur le paquet (ou suivez la recette de la page 99).
2. Retirez la gélatine du réfrigérateur après environ 45 minutes. Elle doit doit être aussi épaisse qu'un blanc d'œuf non battu. Battez la gélatine avec un batteur jusqu'à ce qu'elle devienne mousseuse et double de volume.
3. Remettez-la au réfrigérateur jusqu'à ce qu'elle soit ferme.

	Par grosse portion	Par petite portion
Glucides	90 g	77 g
Protéines	49,0 g	35,3 g
Gras	21,2 g	12,6 g
Gras saturé	6,3 g	3,8 g
Cholestérol	87 mg	54 mg
Fibres	10,3 g	8,8 g
Sodium	2399 mg	1506 mg
Vitamine A	2433 µg	1839 µg
Acide folique	143 µg	130 µg
Vitamine C	119 mg	107 mg
Potassium	2077 mg	1673 mg
Calcium	425 mg	406 mg
Fer	4,1 mg	3,1 mg

Menu du souper	Grand repas (730 calories)	Repas léger (550 calories)
Jambon cuit au four	1 tranche épaisse, soit 5 oz (150 g), cuit	1 tranche mince, soit 3 oz (90 g), cuit
Ananas, dans le jus	3 tranches égouttées	3 tranches égouttées
Patate douce	1 grosse	1 moyenne
Margarine	2 c. à thé (10 ml)	1 c. à thé (5 ml)
Chou-fleur	2 tasses (500 ml)	2 tasses (500 ml)
Chapelure assaisonnée	1 c. à thé (5 ml)	1 c. à thé (5 ml)
Lait écrémé ou 1 %	1 tasse (250 ml)	1 tasse (250 ml)
Gélatine fouettée	1 tasse (250 ml)	1 tasse (250 ml)

Repas léger

11

Ragoût de bœuf

Si vous êtes pressé, voici une suggestion:
Versez le contenu d'une boîte de ragoût de bœuf dans une casserole et ajoutez quelques légumes congelés ou cuits. Réchauffez.

Le ragoût de bœuf servi avec des pommes de terre et du pain est toujours un succès. Cette recette contient peu de gras, car elle est préparée avec de la viande maigre et une petite quantité seulement de gras ajouté.

Le navet, les haricots jaunes et verts, les carottes et les petits pois sont d'excellents légumes à mettre dans le ragoût. Si vous êtes pressé, remplacez les légumes frais par un mélange de légumes congelés.

Vous pouvez doubler la recette et en congeler une partie pour un autre repas.

Pour dessert, prenez une portion de fruit.

Ragoût de bœuf

Donne 7 tasses (1,75 litre)

Une portion de 1 tasse (250 ml)
Calories: 165
Glucides: 16 g
Protéines: 13,2 g
Gras: 5,3 g

1 c. à soupe (15 ml) de margarine ou de beurre

2 oignons moyens, hachés

2 gousses d'ail hachées ou ½ c. à thé (2 ml) d'ail en poudre

1 lb (454 g) de bœuf à ragoût sans gras, coupé en dés

2 c. à soupe (30 ml) de farine

2 sachets de mélange pour bouillon de bœuf (ou 2 cubes) mélangés à 2 tasses (500 ml) d'eau chaude

1 feuille de laurier (retirez-la avant de servir)

2 grosses branches de céleri, tranchées

3 carottes moyennes, tranchées

2 tasses (500 ml) d'autres légumes frais (ou de légumes congelés, mélangés)

⅛ c. à thé (0,5 ml) de poivre

¼ tasse (60 ml) de vin sec (ou de vinaigre de vin)

1. Mettez la margarine, les oignons et l'ail dans une casserole épaisse. Cuire à feu moyen en remuant jusqu'à ce que les oignons deviennent transparents. Remuez souvent pour les empêcher de brûler.

2. Ajoutez la viande et remuez jusqu'à ce que l'extérieur soit cuit (environ 5 minutes). Saupoudrez la farine sur le mélange de viande et d'oignons et remuez jusqu'à ce que la farine soit incorporée.

3. Retirez la casserole du feu et ajoutez le reste des ingrédients. Remuez, puis remettez la casserole sur le feu. Amenez à ébullition, puis réduisez le feu. Couvrez et laissez mijoter pendant environ une heure. Remuez de temps en temps.

4. Si vous utilisez des légumes congelés, ajoutez-les seulement à la fin et laissez-les mijoter pendant 10 minutes.

Ragoût nord-africain et couscous

Pour varier, essayez un ragoût de bœuf nord-africain, plus épicé. Ce ragoût se prépare habituellement avec des oignons, des carottes, du navet, des tomates, des courgettes, de la citrouille et de la courge. Lorsque vous faites cuire la viande, ajoutez 1 c. à thé (5 ml) de chacune des épices suivantes : curcuma, cannelle et cumin – ou remplacez ces épices par 1 c. à soupe (15 ml) de poudre de cari – et 1 c. à thé (5 ml) de poudre de chili. Préparez ce ragoût une journée à l'avance pour que les épices soient à leur meilleur.

Remplacez le pain et les pommes de terre par du couscous. Une tasse et quart (300 ml) de couscous suffira pour le grand repas et 1 tasse (250 ml) pour le repas léger. Fait avec du blé, le couscous est vendu dans la plupart des grandes épiceries. Il a l'apparence du riz et le goût des pâtes. Il est facile à préparer et il est prêt en un clin d'œil parce que vous n'avez qu'à le faire bouillir dans l'eau. Servez le ragoût et le couscous avec du thé à la menthe.

	Par grosse portion	Par petite portion
Glucides	115 g	93 g
Protéines	35,6 g	27,8 g
Gras	16,9 g	11,0 g
Gras saturé	4,0 g	2,8 g
Cholestérol	45 mg	34 mg
Fibres	13,4 g	11,2 g
Sodium	1208 mg	931 mg
Vitamine A	1104 µg	1421 µg
Acide folique	163 µg	144 µg
Vitamine C	127 mg	117 mg
Potassium	2695 mg	2215 mg
Calcium	160 mg	133 mg
Fer	5,8 mg	4,7 mg

Menu du souper	Grand repas (730 calories)	Repas léger (550 calories)
Ragoût de bœuf	2 tasses (500 ml)	1 1/2 tasse (375 ml)
Pommes de terre bouillies	1 grosse	1 moyenne
Pain	1 tranche	1 tranche
Margarine	1 c. à thé (5 ml)	1/2 c. à thé (2 ml)
Concombres tranchés	1/2 concombre moyen	1/2 concombre moyen
Cantaloup ou melon	2 tranches	2 tranches

REPAS LÉGER

SOUPER 12

Poisson et frites

Vous pouvez aussi servir vos frites avec des croquettes de poulet achetées à l'épicerie et des légumes.
- *Pour le grand repas, prenez 7 croquettes de poulet (140 g).*
- *Pour le repas léger, prenez 5 croquettes de poulet (95 g).*

Comparez le nombre de calories contenues dans 10 frites:
- *frites préparées dans l'huile au restaurant – 160 calories;*
- *frites congelées, cuites au four – 90 calories;*
- *frites au four faibles en gras – 60 calories.*

Les sachets d'épices pour pommes de terre achetés à l'épicerie contiennent du sucre et du sel. Si vous voulez les utiliser dans cette recette, mettez-en moins de 1 c. à soupe (15 ml).

Voici un repas facile à préparer avec des bâtonnets de poisson prêts à manger et des frites congelées que vous ferez cuire au four sur une plaque à biscuits. Les portions de poisson et de frites sont petites parce que ces aliments sont riches en gras. Ce repas contient beaucoup moins de gras que le poisson enrobé de pâte et frit dans l'huile avec les frites.

Choisissez les marques portant la mention «faible en gras». En général, ces bâtonnets de poisson sont préparés avec une pâte plus légère dans une quantité réduite d'huile.

Vous pouvez également préparer des frites maison faibles en gras en suivant la recette ci-dessous. Les frites illustrées sur la photo sont congelées.

Frites au four faibles en gras	**12 frites**
Donne 45 frites (15 frites par pomme de terre)	Calories: 77 Glucides: 16 g Protéines: 2,9 g Gras: 0,2 g

3 petites pommes de terre

1 blanc d'œuf

1 c. à thé (5 ml) d'épices (choisissez des épices énumérées à la page 102, comme le cari, l'aneth ou l'épice cajun)

1. Lavez et pelez les pommes de terre.
2. Coupez-les en bâtonnets ou en morceaux.
3. Dans un petit bol, mélangez le blanc d'œuf et les épices à l'aide d'une fourchette.
4. Plongez les morceaux de pommes de terre dans le mélange.
5. Faites cuire les morceaux de pomme de terre sur une plaque à cuisson anti-adhésive graissée pendant environ 30 minutes, à 400 °F (200 °C), en les retournant toutes les dix minutes.

Ce plat est servi avec une portion de légumes. Vous avez le choix entre des courges, des petits pois, des carottes, du maïs, des navets ou du panais.

Voici comment je fais cuire la courge que vous voyez sur la photo: coupez-la en deux et placez-en la moitié sur une plaque à biscuits, le côté coupé vers le bas. Faites cuire au four avec le poisson et les frites pendant une demi-heure ou jusqu'à ce qu'elle soit tendre.

Essayez cette salade de légumes en gelée. Elle ajoute une touche de couleur et du goût à votre repas et elle ne contient pas beaucoup de calories. La gélatine de lime donne une belle couleur verte.

Salade de légumes en gelée

Donne 2 ¹/₂ tasses (625 ml), soit 5 portions

1 sachet de gélatine légère à la lime

1 ¹/₂ tasse (375 ml) d'eau bouillante

2 c. à soupe (30 ml) de jus de citron ou de lime

¹/₂ tasse (125 ml) de radis finement hachés

¹/₂ tasse (125 ml) de céleri finement haché

¹/₂ tasse (125 ml) de chou finement haché

1 c. à soupe (15 ml) de persil frais haché ou de persil séché

Une portion de ¹/₂ tasse (125 ml)
Calories : 15
Glucides : 2 g
Protéines : 1,4 g
Gras : 0,2 g

1. Dans un bol moyen, versez la gélatine en poudre. Ajoutez l'eau bouillante et mélangez jusqu'à ce que la gélatine soit bien dissoute. Ajoutez le jus de citron. Mettez ce mélange au réfrigérateur.
2. Hachez tous les légumes. Dès que le mélange que vous avez mis au réfrigérateur commence à épaissir (au bout d'environ 45 minutes), incorporez tous les légumes.
3. Réfrigérez jusqu'à ce que la gélatine soit ferme (environ une heure de plus).

La courge orange illustrée sur la photo est une courge gland. Il existe de nombreuses variétés de courges. Essayez la courge spaghetti, c'est l'une des moins sucrées.

La salade de légumes en gelée peut être servie comme légume faible en calories avec n'importe quel dîner ou souper. Une portion de ¹/₂ tasse (125 ml) ne contient que 20 calories.

Pour une salade légèrement salée et moins sucrée, essayez ceci :
- *ajoutez à l'eau bouillante un sachet de mélange pour bouillon de poulet ou un cube.*

	Par grosse portion	Par petite portion
Glucides	100 g	79 g
Protéines	26,8 g	19,3 g
Gras	27,1 g	19,2 g
Gras saturé	9,1 g	6,4 g
Cholestérol	152 mg	101 mg
Fibres	7,8 g	86,8 g
Sodium	1195 mg	904 mg
Vitamine A	428 µg	412 µg
Acide folique	86 µg	72 µg
Vitamine C	48 mg	45 mg
Potassium	1570 mg	1296 mg
Calcium	104 mg	91 mg
Fer	3,9 mg	3,1 mg

Menu du souper	Grand repas (730 calories)	Repas léger (550 calories)
Bâtonnets de poisson	6 bâtonnets ou 3 morceaux	4 bâtonnets ou 2 morceaux
Frites congelées, cuites au four	20	14
Ketchup	1 c. à soupe (15 ml)	1 c. à soupe (15 ml)
Courge	¹/₂ tasse (125 ml)	¹/₂ tasse (125 ml)
Salade de légumes en gelée	¹/₂ tasse (125 ml)	¹/₂ tasse (125 ml)
Prune	1 moyenne	1 moyenne

REPAS LÉGER

SOUPER 13

Saucisses et pain de maïs

Vous pouvez également faire revenir les courgettes dans une casserole avec de l'oignon haché et de l'ail dans 1 c. à thé (5 ml) de margarine ou d'huile. Ajoutez à ce mélange un ou deux des légumes suivants :

- *tomates en conserve ou fraîches, en morceaux*
- *poivron vert*
- *aubergine*

Au besoin, ajoutez de l'eau dans la casserole. Saupoudrez de parmesan.

Les saucisses sont riches en gras. Quel que soit le mode de cuisson que vous choisirez, piquez les saucisses avec une fourchette plusieurs fois pour permettre au gras de s'échapper. Voici quelques suggestions pour faire griller les saucisses de manière à enlever une partie du gras :

- placez-les sur une grille dans une poêle et faites-les griller
- faites-les d'abord bouillir pendant 10 minutes, puis mettez-les au four
- faites-les griller au barbecue
- placez-les sur une grille dans le four à micro-ondes

Servez les saucisses avec beaucoup de légumes. Les courgettes sont faibles en calories et faciles à préparer. Coupez-les en tranches minces et faites-les cuire à la vapeur. Si vous les faites bouillir, elles seront pâteuses.

Saupoudrez-les de chapelure assaisonnée (voir la recette à la page 130).

Servez une salade de chou (voir la recette à la page 80, dîner n° 5).

Vous pouvez remplacer la barre de crème glacée légère par ¹/₂ tasse (125 ml) de lait écrémé.

Pain de maïs

Donne un pain carré de 8 po (20 cm) ou 12 morceaux

Un morceau de pain
Calories : 126
Glucides : 20 g
Protéines : 3,2 g
Gras : 3,5 g

³/₄ **tasse (175 ml) de semoule de maïs**

1 ¹/₄ **tasse (300 ml) de lait écrémé**

1 **tasse (250 ml) de farine**

1 **c. à soupe (15 ml) de levure chimique (poudre à pâte)**

¹/₂ **c. à thé (2 ml) de sel**

¹/₄ **tasse (60 ml) de sucre**

1 **œuf légèrement battu**

3 **c. à soupe (45 ml) bien rases de shortening, de beurre ou de margarine, fondu**

Voici quelques féculents qui pourraient remplacer les deux morceaux de pain de maïs :
- *2 tasses (500 ml) de maïs en grains ou 2 petits épis de maïs ;*
- *1 ¼ tasse (300 ml) de riz.*

1. Dans un bol moyen, mélangez la semoule de maïs et le lait. Laissez reposer pendant 5 minutes.
2. Dans un grand bol, mélangez la farine, la levure chimique (poudre à pâte), le sel et le sucre.
3. Dans un petit bol, mélangez l'œuf légèrement battu et la matière grasse fondue. Ajoutez ce mélange à celui de la semoule de maïs.
4. Incorporez le mélange liquide au mélange de farine. Brassez jusqu'à ce que les ingrédients soient bien mélangés. La pâte doit avoir des grumeaux. Versez dans un moule carré de 8 po (20 cm). Utilisez un moule à surface anti-adhésive ou graissez légèrement votre moule.
5. Faites cuire au four à 400 °F (200 °C) environ 20 minutes ou jusqu'à ce que le pain soit légèrement bruni.
6. Découpez en 12 morceaux d'environ 3 x 2 po (7,5 x 5 cm).

	Par grosse portion	Par petite portion
Glucides	**84 g**	**74 g**
Protéines	**21,0 g**	**17,5 g**
Gras	**36,2 g**	**22,8 g**
Gras saturé	9,9 g	6,6 g
Cholestérol	85 mg	67 mg
Fibres	7,0 g	6,6 g
Sodium	1144 mg	851 mg
Vitamine A	617 µg	492 µg
Acide folique	86 µg	82 µg
Vitamine C	26 mg	26 mg
Potassium	1084 mg	1024 mg
Calcium	279 mg	245 mg
Fer	3,5 mg	3,1 mg

Menu du souper	Grand repas (730 calories)	Repas léger (550 calories)
Saucisses	4 petites	3 petites
Pain de maïs	2 ¹/₂ morceaux	2 morceaux
Margarine	2 c. à thé (10 ml)	–
Courgettes cuites à la vapeur	2 tasses (500 ml)	2 tasses (500 ml)
Chapelure assaisonnée	1 c. à soupe (15 ml)	1 c. à soupe (15 ml)
Salade de chou	¹/₂ tasse (125 ml)	¹/₂ tasse (125 ml)
Barre de crème glacée légère au chocolat	1 barre	1 barre

143

REPAS LÉGER

SOUPER 14

Chili con carne

Chili con carne

Donne 6 ¼ tasses (1,6 litre)

1 lb (454 g) de bœuf haché maigre

2 oignons moyens, hachés

1 boîte de 28 oz (796 ml) de fèves rouges

1 boîte de 10 oz (284 ml) de soupe aux tomates

⅛ c. à thé (0,5 ml) de poivre

½ c. à thé (2 ml) de poudre de chili

1 c. à soupe (15 ml) de vinaigre

½ c. à thé (2 ml) de sauce Worcestershire

1 tasse (250 ml) de légumes hachés (céleri, poivron vert)

**Une portion de
1 tasse (250 ml)**
Calories : 285
Glucides : 33 g
Protéines : 22,4 g
Gras : 7,6 g

1. Dans une grande casserole épaisse, faites revenir le bœuf haché jusqu'à ce qu'il brunisse. Enlevez le plus de gras possible.
2. Ajoutez tous les autres ingrédients.
3. Couvrez et laissez mijoter à feu doux pendant 2 à 3 heures. Remuez de temps en temps pour empêcher la sauce de coller. Si elle épaissit, ajoutez de l'eau.

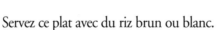

Servez ce plat avec du riz brun ou blanc.

Servez aussi un légume faible en calories comme des haricots jaunes ou verts et des carottes en bâtonnets.

Vous pouvez remplacer ½ tasse (125 ml) de riz par:
- *1 ½ tranche de pain;*
- *½ portion de pain bannock;*
- *1 petite pomme de terre.*

Cette recette de pommes au four vous donnera un excellent dessert. Ou encore, prenez une portion de n'importe quel autre fruit.

Le mélange de cassonade et de beurre donne à ces pommes au four un bel aspect brillant. Vous pouvez aussi utiliser de la margarine, mais le beurre donne un sirop plus épais.

Cette recette contient moins de gras et de sucre que la recette traditionnelle de pommes au four. On utilise du sucre parce que les édulcorants hypocaloriques donnent un sirop trop liquide.

Pommes au four

Donne 2 pommes

Une pomme
Calories : 142
Glucides : 32 g
Protéines : 0,5 g
Gras : 2,5 g

2 pommes moyennes

1 c. à thé (5 ml) de beurre ou de margarine

1 c. à soupe (15 ml) de cassonade

¼ c. à thé (1 ml) de cannelle moulue

¼ c. à thé (1 ml) de jus de citron

Une pincée de muscade (au choix)

1 c. à soupe (15 ml) de raisins secs

1. Retirez le cœur des pommes à partir du haut. Évitez d'ouvrir les pommes de haut en bas. Piquez les pommes avec une fourchette.
2. Dans un petit bol, mélangez les autres ingrédients et, au moyen d'une cuillère, remplissez les pommes de ce mélange.
3. Déposez les pommes dans un plat et mettez-les au micro-ondes à température élevée pendant 1 minute 20 secondes ou jusqu'à ce qu'elles soient tendres. Ou encore, déposez les pommes dans un plat dans 2 c. à soupe (30 ml) d'eau et faites-les cuire au four à 350 °F (175 °C) pendant 30 minutes.

Les amateurs de sucre adoreront la pomme au four. De plus, elle contient moins de gras qu'un morceau de tarte aux pommes.

- *En général, un morceau de tarte aux pommes de 3 ½ po (9 cm) contient environ 7 c. à thé (35 ml) de sucre et d'amidon ajoutés et 3 c. à thé (15 ml) de gras.*
- *Une pomme au four contient 1 ½ c. à thé (7 ml) de sucre ajouté et ½ c. à thé (2 ml) de gras ajouté.*

Visitez le site mealsforgood-health.com pour une variante de cette recette, cette fois-ci aux pêches (sur le site, voir Peach Cobler).

	Par grosse portion	Par petite portion
Glucides	117 g	93 g
Protéines	38,5 g	26,6 g
Gras	14,3 g	10,6 g
Gras saturé	5,4 g	4,0 g
Cholestérol	59 mg	41 mg
Fibres	20,4 g	16,3 g
Sodium	941 mg	648 mg
Vitamine A	940 µg	927 µg
Acide folique	191 µg	135 µg
Vitamine C	45 mg	37 mg
Potassium	1617 mg	1261 mg
Calcium	184 mg	156 mg
Fer	9,3 mg	6,9 mg

Menu du souper	Grand repas (730 calories)	Repas léger (550 calories)
Chili con carne	1 ½ tasse (375 ml)	1 tasse (250 ml)
Riz	½ tasse (125 ml)	⅓ tasse (80 ml)
Haricots verts	1 tasse (250 ml)	1 tasse (250 ml)
Bâtonnets de carotte	1 carotte moyenne	1 carotte moyenne
Pomme au four	1	1

REPAS LÉGER

SOUPER 15

Piroguis

Les piroguis sont délicieux avec la crème sure, mais n'en abusez pas. Une c. à soupe (15 ml) de crème sure légère ou 2 c. à thé (10 ml) de crème sure sans gras suffiront.

- *La crème sure sans gras ne contient que 9 calories par c. à soupe (15 ml).*
- *La crème sure légère (7 % de gras) contient 16 calories par c. à soupe (15 ml).*
- *La crème sure ordinaire (14 % de gras) contient 32 calories par c. à soupe (15 ml).*

Achetez des piroguis congelés pour un repas rapide à la maison. On trouve des piroguis au fromage, aux pommes de terre, au fromage cottage et même à la «pizza».

Faites d'abord frire des oignons à feu doux dans 1 c. à thé (5 ml) de gras. Puis retirez les oignons de la poêle avant qu'ils ne soient trop cuits. Faites cuire les piroguis dans la même poêle jusqu'à ce qu'ils soient légèrement brunis. Vous pouvez aussi les faire bouillir pendant 10 minutes.

Pour le grand repas, vous pouvez remplacer les 2 oz (30 g) de saucisse à l'ail (kolbassa) par :

- 1 tasse (250 ml) de fromage cottage 1 %
- 2 tranches de saucisson de Bologne, grillées ou frites, sans gras ajouté.

Vous pouvez remplacer la soupe de betteraves par 1 tasse (250 ml) de betteraves cuites. Comme les betteraves marinées contiennent du sucre ajouté, ½ tasse (125 ml) équivaut à 1 tasse (250 ml) de soupe de betteraves.

Si vous ne trouvez pas de piroguis, vous pouvez les remplacer par des raviolis.
Pour les raviolis, suivez les instructions du fabricant.

Soupe de betteraves facile à préparer

Donne 3 ¹/₂ tasses (875 ml)

Une portion de 1 tasse (250 ml)
Calories : 64
Glucides : 15 g
Protéines : 2,1 g
Gras : 0,3 g

1 boîte de 10 oz (398 ml) de betteraves

en dés, non sucrées

1 ¹/₂ tasse (375 ml) de jus de légumes (V-8, par exemple)

2 tasses (500 ml) de chou haché

¹/₄ c. à thé (1 ml) d'aneth séché

1. Mettez tous les ingrédients dans une casserole.
2. Couvrez et laissez mijoter. Remuez pendant la cuisson. Après environ 15 minutes, la soupe sera prête.

Servez avec un peu de crème sure faible en gras et des oignons verts.

Comme légume faible en calories, servez de la choucroute ou un concombre mariné, ou encore une petite salade, qui contient moins de sel.

Une pêche fraîche fera un bon dessert. Si vous préférez les pêches en conserve, servez-en deux moitiés avec 2 c. à soupe (30 ml) de jus. Choisissez des fruits mis en conserve dans l'eau ou le jus. Accompagnez votre fruit d'un biscuit – à l'arrowroot, digestif, aux raisins secs (illustré sur la photo), au gingembre, à l'avoine ou Graham.

	Par grosse portion	Par petite portion
Glucides	106 g	86 g
Protéines	23,1 g	16,2 g
Gras	27,1 g	17,9 g
Gras saturé	9,3 g	5,9 g
Cholestérol	49 mg	28 mg
Fibres	11,4 g	10,6 g
Sodium	2701 mg	2211 mg
Vitamine A	154 µg	154 µg
Acide folique	108 µg	106 µg
Vitamine C	73 mg	71 mg
Potassium	1165 mg	1089 mg
Calcium	135 mg	123 mg
Fer	4,6 mg	4,2 mg

Menu du souper	Grand repas (730 calories)	Repas léger (550 calories)
Piroguis (ou raviolis)	6 (ou 18 raviolis)	4 (ou 12 raviolis)
Crème sure faible en gras ou sans gras	1 c. à soupe (15 ml)	1 c. à soupe (15 ml)
Tranches d'oignon cuites dans la margarine	¹/₂ petit oignon 1 c. à thé (5 ml)	¹/₂ petit oignon 1 c. à thé (5 ml)
Saucisse à l'ail	2 oz (60 g)	1 oz (30 g)
Soupe de betteraves	1 tasse (250 ml)	1 tasse (250 ml)
Petites tomates	2 ou 2 tranches de tomate	2 ou 2 tranches de tomate
Choucroute	¹/₂ tasse (125 ml)	¹/₂ tasse (125 ml)
Pêche	1	1
Biscuit ordinaire	1	1

REPAS LÉGER

SOUPER 16

Hamburger et salade de pommes de terre

Si vous ajoutez ½ tasse de champignons tranchés frais à la viande crue, celle-ci sera moins sèche.

Pour votre sécurité:
Assurez-vous de bien faire cuire les boulettes de bœuf haché. Elles ne doivent plus être rosées. Rangez immédiatement les restes de viande au réfrigérateur.

Préparez vos hamburgers avec du bœuf haché maigre ou extra-maigre. Une livre (454 g) de bœuf haché maigre vous donnera trois grosses boulettes ou quatre boulettes moyennes. Pour donner plus de goût, ajoutez des épices à la viande ou 2 c. à thé (10 ml) de mélange de soupe à l'oignon en sachet.

Voici différentes façons de faire cuire vos boulettes:
- faites-les griller sur le barbecue
- disposez-les sur une grille et faites-les griller au four
- faites-les cuire dans une poêle anti-adhésive, puis déposez-les sur une serviette en papier pour absorber l'excès de gras.

Garnissez votre pain à hamburger avec beaucoup de laitue et des tranches de tomate et d'oignon. Ajoutez 1 c. à thé (5 ml) de ketchup, de moutarde et de relish ou, si vous préférez, de fromage à tartiner. Pour le grand repas, prévoyez une tranche de fromage.

Si vous préférez des hot-dogs (une saucisse dans un petit pain avec de l'oignon, du ketchup et de la moutarde), vous pouvez remplacer:
- le hamburger au fromage (pour le grand repas), par deux hot-dogs sans fromage.
- le hamburger (pour le repas léger), par un hot-dog avec fromage.

Une salade légère de pommes de terre accompagne agréablement les hamburgers.

Salade de pommes de terre

Donne 4 tasses (1 litre)

Une portion de ½ tasse (125 ml)
Calories : 86
Glucides : 16 g
Protéines : 2,3 g
Gras : 1,6 g

4 petites pommes de terre cuites, hachées

½ poivron vert, finement haché

2 branches de céleri, finement hachées

2 ou 3 oignons verts, finement hachés (ou 1 petit oignon)

5 radis tranchés

2 c. à soupe (30 ml) de vinaigre

2 c. à soupe (30 ml) de mayonnaise légère

½ c. à thé (2 ml) de moutarde préparée

Sel et poivre au goût

1 œuf dur, haché

Pincée de paprika pour décorer

1. Dans un grand bol, mélangez les pommes de terre, le poivron vert, le céleri, les oignons verts et les radis.
2. Dans un petit bol, mélangez le vinaigre, la mayonnaise, la moutarde, le sel et le poivre. Mélangez à l'œuf dur, haché. Versez ce mélange sur les légumes et mélangez délicatement. Saupoudrez de paprika.
3. Déposez au réfrigérateur jusqu'au moment de servir.

Un thé glacé accompagne fort agréablement ce repas. Il en existe beaucoup de variétés dans les magasins. Vous pouvez aussi vous préparer un délicieux thé glacé léger en mélangeant un reste de thé à du jus de citron et un édulcorant hypocalorique, au goût.

Une portion de melon d'eau ou de tout autre fruit frais termine bien ce repas.

Conseil de sécurité pour la salade de pommes de terre
Une fois la salade de pommes de terre préparée, conservez-la au réfrigérateur. Aussitôt le repas terminé, mettez-la au frigo. Ne la laissez jamais au soleil.

Vérifiez l'étiquette des emballages de thé glacé léger :
- *assurez-vous que le thé que vous achetez contient moins de 20 calories par portion ;*
- *l'emballage portera probablement une des mentions suivantes : « à teneur réduite en calories » ou « léger ».*

	Par grosse portion	Par petite portion
Glucides	81 g	73 g
Protéines	45,0 g	30,8 g
Gras	27,0 g	15,7 g
Gras saturé	10,5 g	4,7 g
Cholestérol	145 mg	88 mg
Fibres	7,6 g	6,8 g
Sodium	1550 mg	1192 mg
Vitamine A	138 µg	99 µg
Acide folique	101 µg	89 µg
Vitamine C	68 mg	60 mg
Potassium	1644 mg	1384 mg
Calcium	283 mg	142 mg
Fer	6,3 mg	5,2 mg

Menu du souper	Grand repas (730 calories)	Repas léger (550 calories)
Hamburger au fromage/Hamburger avec petit pain et garnitures	Grand hamburger, avec fromage	Hamburger moyen
Salade de pommes de terre	¾ tasse (175 ml)	½ tasse (125 ml)
Branche de céleri	2 branches	2 branches
Cornichons	2 petits ou 1 moyen	2 petits ou 1 moyen
Thé glacé, léger	12 oz (360 ml)	12 oz (360 ml)
Melon d'eau	3 petites tranches	3 petites tranches

REPAS LÉGER

Dinde rôtie

Je préfère la dinde sans farce. La farce au pain contient beaucoup de gras en plus d'absorber le gras de la dinde. Si vous voulez de la farce, préparez-la dans un plat allant au four graissé et couvert, ou dans une assiette d'aluminium. Mangez moins de pomme de terre si vous voulez manger de la farce.

La dinde rôtie est un véritable repas de fête à n'importe quel moment de l'année et les restes sont tellement faciles à utiliser dans les sandwiches et dans d'autres plats. J'ai ajouté quelques «extras» à ce repas pour le rendre encore plus attrayant. Même avec ces ajouts, ce repas ne contient pas plus de calories que les autres.

Dinde

- Déposez la dinde dans une rôtissoire, la poitrine vers le haut. Pendant les dernières 15 min de cuisson, enlevez le couvercle si vous le désirez.
- Faites cuire la dinde au four à 350 °F (175 °C) pendant environ 15 minutes/lb (35 minutes/kg). Faites cuire jusqu'à ce que le thermomètre planté dans la cuisse indique 170 °F (80 °C). La dinde est cuite quand elle se détache facilement avec une fourchette.
- Lorsqu'elle est cuite, retirez la peau qui contient la majeure partie de gras et tranchez les parties blanche et brune de la viande. Le brun contient plus de gras que le blanc.
- Servez la dinde avec 1 c. à soupe (15 ml) de canneberges que l'on trouve dans le commerce ou maison.

Pommes de terre et sauce

Si vous tenez à prendre de la sauce ordinaire, limitez-vous à 1 c. à soupe (15 ml).

- Suivez la recette de la sauce faible en gras (page 106) et de la purée de pommes de terre faible en gras (page 122).

Légumes

- Ce plat est servi avec une grande quantité de légumes comme des carottes, des petits pois, des cornichons, une salade de légumes en gelée (voir la recette à la page 139) et des asperges (fraîches ou en conserve).

Boisson

Si vous préférez vous abstenir d'alcool:
- *préparer le panaché avec du vin non alcoolisé;*
- *servez-vous un verre de boisson gazeuse diététique, d'eau minérale gazéifiée ou de soda.*

Dégustez ce plat avec un panaché de vin blanc (spritzer), en plus de votre verre d'eau. Le panaché contient moins de calories et d'alcool que le vin ordinaire. Pour préparer un panaché, versez 2 oz (60 ml) de vin blanc dans un verre et remplissez-le de soda gingembre diététique ou de 7-up léger.

Dessert

La tarte à la citrouille sans croûte est un délicieux dessert. Lorsque je sers cette tarte à ma famille, personne ne se plaint qu'il n'y a pas de croûte. Vous pouvez la servir telle quelle ou encore avec une petite quantité de garniture fouettée, congelée.

Tarte à la citrouille sans croûte

Donne 6 pointes, soit une assiette à tarte de 9 po (23 cm)

Une pointe de tarte
Calories : 168
Glucides : 31 g
Protéines : 8,1 g
Gras : 2,1 g

1 boîte de 14 oz (398 ml) de citrouille

½ tasse (125 ml) de sucre

½ c. à thé (2 ml) de sel

½ c. à thé (2 ml) de gingembre moulu

1 c. à thé (5 ml) de cannelle moulue

¼ c. à thé (1 ml) de muscade moulue

¼ c. à thé (1 ml) de clou de girofle moulu

2 œufs légèrement battus

1 boîte de 13 oz (385 ml) de lait concentré, écrémé

1. Dans un grand bol, mélangez la citrouille, le sucre, le sel et les épices.
2. Incorporez les deux œufs légèrement battus et mélangez bien.
3. Ajoutez le lait concentré écrémé (agitez bien la boîte avant de l'ouvrir) et mélangez jusqu'à consistance lisse.
4. Versez dans une assiette à tarte légèrement graissée et mettez au four à 400 °F (200 °C) pendant environ 40 minutes ou jusqu'à ce qu'un couteau inséré près du centre de la tarte en ressorte propre. (Il est préférable d'utiliser une assiette à tarte en verre pour réaliser cette recette.)

Voici d'autres suggestions pour la garniture : crème fouettée dans un contenant sous pression, mélanges de garniture en sachet ou yogourt à la vanille. Lisez bien l'étiquette et choisissez une garniture fouettée qui contient moins de 20 calories par portion de 2 c. à soupe (30 ml).

Cette recette est meilleure lorsqu'elle est préparée la veille.

	Par grosse portion	Par petite portion
Glucides	108 g	83 g
Protéines	62,3 g	43,7 g
Gras	8,2 g	5,6 g
Gras saturé	3,0 g	2,2 g
Cholestérol	214 mg	151 mg
Fibres	10,6 g	9,1 g
Sodium	1199 mg	1061 mg
Vitamine A	1199 µg	1179 µg
Acide folique	172 µg	163 µg
Vitamine C	73 mg	67 mg
Potassium	1956 mg	1815 mg
Calcium	396 mg	347 mg
Fer	7,0 mg	5,3 mg

Menu du souper	Grand repas (730 calories)	Repas léger (550 calories)
Dinde	3 oz (90 g) de viande blanche 2 oz (60 g) de viande brune	3 oz (90 g) de viande blanche ou 2 oz (60 g) de viande blanche et 1 oz (30 g) de viande brune
Sauce aux canneberges	2 c. à thé (10 ml)	2 c. à thé (10 ml)
Purée de pommes de terre faible en gras	1 ¼ tasse (300 ml)	¾ tasse (175 ml)
Sauce faible en gras	4 c. à soupe (60 ml)	2 c. à soupe (30 ml)
Pois et carottes	½ tasse (125 ml)	½ tasse (125 ml)
Asperges	7 branches	7 branches
Cornichon	1 moyen	1 moyen
Salade de légumes en gelée	½ tasse (125 ml)	½ tasse (125 ml)
Panaché de vin blanc (spritzer)	½ tasse (125 ml)	½ tasse (125 ml)
Tarte à la citrouille sans croûte	1 pointe	1 pointe
Garniture de crème fouettée	2 c. à soupe (30 ml)	2 c. à soupe (30 ml)

REPAS LÉGER

SOUPER 18

Macaroni au fromage gratiné

Une petite boîte de thon dans l'eau peut très bien remplacer les deux œufs. Égouttez bien le thon.

Utilisez un fromage maigre pour cette recette. Ainsi, vous consommerez moins de gras.

Pour un macaroni plus relevé, ajoutez:
- un soupçon de sauce chili piquante;
- 1 c. à soupe (15 ml) de salsa;
- ¼ c. à thé (1 ml) d'origan et de poudre d'ail.

Macaroni au fromage gratiné

Donne environ 5 ½ tasses (1,375 litre)

2 tasses (500 ml) de macaroni non cuit

2 c. à soupe (30 ml) de lait écrémé

2 œufs battus à la fourchette

½ boîte (5 oz ou 142 ml) de soupe aux tomates

½ tasse (125 ml) de cheddar râpé, non tassé

2 c. à soupe (30 ml) de chapelure assaisonnée (voir la page 130), pour le faire gratiner (facultatif)

Une portion de 1 tasse (250 ml)
Calories: 241
Glucides: 35 g
Protéines: 10,7 g
Gras: 6,4 g

1. Remplissez une casserole épaisse d'eau et amenez à ébullition. Ajoutez le macaroni et laissez bouillir 10 minutes. Égouttez.
2. Ajoutez le lait et les œufs au macaroni, puis mélangez rapidement à feu doux jusqu'à ce que les œufs soient cuits. Ajoutez la soupe aux tomates et le fromage, puis mélangez de nouveau. Le macaroni est prêt en 2 minutes.
3. Vous pouvez le servir de cette manière. Mais si vous voulez le faire gratiner (comme sur la photo), mettez le macaroni dans un plat allant au four et couvrez-le de chapelure assaisonnée. Faites-le cuire au four à 375 °F (190 °C) pendant une demi-heure.

Légumes

- Coupez le brocoli en morceaux et faites-les cuire à la vapeur ou bouillir légèrement. Vous trouverez un choix de légumes faibles en calories à la page 131.
- Pour varier, servez des morceaux de rutabaga ou de navet, ou encore faites cuire le navet avec des carottes, puis réduisez-les en purée ensemble.

Essayez ce délicieux dessert facile à préparer composé de banane, d'ananas, de pouding et de biscuits Graham. Un vrai délice!

Surprise à l'ananas

Donne six portions

Une portion
Calories : 148
Glucides : 28 g
Protéines : 4,0 g
Gras : 3,7 g

1 ½ tasse (375 ml) de lait écrémé

1 paquet de mélange léger pour pouding instantané à la vanille

1 tasse (250 ml) de garniture fouettée, congelée (ordinaire ou légère), décongelée

1 boîte de 8 oz (227 ml) d'ananas broyés, égouttés

2 petites bananes, finement tranchées

¼ tasse (60 ml) de biscuits Graham en miettes (soit environ 4 biscuits)

La Surprise à l'ananas peut également se préparer avec un mélange à pouding ordinaire au lieu d'un mélange léger. Chaque portion contiendra alors 2 ½ c. à thé (12 ml) de sucre de plus.

1. Versez le lait écrémé dans un bol moyen et ajoutez le mélange à pouding.
2. Battez à l'aide d'un fouet ou au mélangeur électrique jusqu'à ce que le mélange devienne épais (environ 2 minutes).
3. Incorporez délicatement la garniture fouettée, congelée et les ananas, puis mélangez bien.
4. Ajoutez les bananes tranchées et les miettes de biscuits Graham au mélange à pouding. Réservez quelques tranches de banane et des miettes de biscuit pour décorer. Vous pouvez aussi verser une couche de pouding, une couche de bananes et une autre de miettes de biscuits.
5. Mettez au réfrigérateur jusqu'au moment de servir.

	Par grosse portion	Par petite portion
Glucides	122 g	96 g
Protéines	30,8 g	22,8 g
Gras	16,9 g	12,1 g
Gras saturé	8,5 g	6,3 g
Cholestérol	180 mg	112 mg
Fibres	10,3 g	9,4 g
Sodium	1201 mg	986 mg
Vitamine A	321 µg	268 µg
Acide folique	103 µg	91 µg
Vitamine C	84 mg	84 mg
Potassium	1098 mg	986 mg
Calcium	392 mg	317 mg
Fer	4,4 mg	3,4 mg

Menu du souper	Grand repas (730 calories)	Repas léger (550 calories)
Macaroni au fromage gratiné	2 tasses (500 ml)	1 ¼ tasse (300 ml)
Brocoli	1 ½ tasse (375 ml)	1 ½ tasse (375 ml)
Rutabaga ou bâtonnets de navet	½ tasse (125 ml)	½ tasse (125 ml)
Cornichons tranchés	5 tranches	5 tranches
Surprise à l'ananas	1 portion	1 portion

163

REPAS LÉGER

Côtelette de porc et compote de pommes

Vous pouvez placer une grille dans une lèchefrite pour faire griller la viande au four. Le gras s'égouttera au fond de la lèchefrite.

Les coupes de porc suivantes sont moins riches en gras :
- *filet;*
- *cuisse et intérieur de ronde.*

Le porc n'est pas nécessairement un mets riche. Enlevez le gras et faites griller les côtelettes sur le barbecue ou au four. Vous pouvez aussi les cuire dans une poêle anti-adhésive sans gras. Le porc s'accompagne agréablement de pommes de terre bouillies, saupoudrées de persil frais ou séché.

Servez une petite portion de compote de pommes avec votre côtelette. Ou encore remplacez la compote par une pomme tranchée que vous ferez cuire avec des oignons et le porc.

Pour varier, préparez une côtelette d'agneau avec une sauce à la menthe.

Ce repas est servi avec une salade de haricots à l'allemande facile à préparer. Cette salade se conserve au réfrigérateur pendant une semaine. Cette Salade de haricots à l'allemande est piquante; elle n'est pas sucrée du tout. Assaisonnez-la avec un vinaigre aux herbes comme sur la photo.

Salade de haricots à l'allemande

Donne 4 tasses (1 litre)

Une portion de 1 tasse (250 ml)
Calories : 33
Glucides : 7 g
Protéines : 1,7 g
Gras : 0,2 g

4 tasses (1 litre) de haricots jaunes ou verts cuits, ou deux boîtes de 14 oz (396 ml) de haricots coupés (égouttés)

½ oignon moyen, finement tranché

2 c. à soupe (30 ml) de vinaigre

¼ c. à thé (1 ml) de sel (pas de sel si vous utilisez des haricots en conserve)

1. Coupez les haricots en morceaux de 1 po (2,5 cm) et mettez-les dans un bol à salade. Si vous utilisez des haricots en conserve, égouttez-les et mettez-les dans le bol.
2. Incorporez les autres ingrédients et mélangez.
3. Laissez reposer pendant 30 minutes. Servez.

Le pouding au tapioca est facile à préparer et excellent pour la santé. Vous pouvez remplacer le pouding proposé ci-dessous par un mélange de pouding léger, un des desserts proposés aux autres repas ou encore 1 tasse (250 ml) de lait avec un biscuit ordinaire.

Pouding au tapioca

Donne 4 portions

Une portion
Calories : 145
Glucides : 28 g
Protéines : 5,8 g
Gras : 1,5 g

1 œuf (séparez le jaune du blanc)

2 c. à soupe (30 ml) de sucre

2 tasses (500 ml) de lait écrémé

3 c. à soupe (45 ml) de tapioca à cuisson rapide

3 c. à soupe (45 ml) de sucre

Une pincée de sel

$\frac{1}{2}$ c. à thé (2 ml) de vanille

1. Mettez le blanc d'œuf dans un bol et le jaune dans une petite casserole. Battez le blanc d'œuf jusqu'à ce qu'il devienne mousseux. Ajoutez graduellement 2 c. à soupe (30 ml) de sucre jusqu'à ce que le mélange forme des pics.
2. Dans la casserole, battez le jaune d'œuf à la fourchette. Ajoutez le lait. Incorporez le tapioca, puis 3 c. à soupe (45 ml) de sucre et le sel.
3. Faites cuire ce mélange jusqu'à ébullition en remuant. Retirez du feu.
4. Versez une petite quantité du mélange au tapioca sur le blanc d'œuf battu et mélangez. Incorporez délicatement le reste du mélange au tapioca au blanc d'œuf. Laissez refroidir sur le comptoir.
5. Après 15 minutes, mélangez le tapioca. Ajoutez la vanille et mettez au réfrigérateur.
6. Avant de servir, si vous le désirez, décorez chaque portion avec 1 c. à thé (5 ml) de confiture légère ou un petit morceau de fruit.

	Par grosse portion	Par petite portion
Glucides	92 g	80 g
Protéines	56,9 g	37,6 g
Gras	15,1 g	9,8 g
Gras saturé	5,2 g	3,4 g
Cholestérol	149 mg	112 mg
Fibres	7,9 g	6,8 g
Sodium	604 mg	562 mg
Vitamine A	117 µg	116 µg
Acide folique	89 µg	77 µg
Vitamine C	45 mg	26 mg
Potassium	2013 mg	1428 mg
Calcium	283 mg	224 mg
Fer	3,4 mg	2,8 mg

Menu du souper	**Grand repas (730 calories)**	**Repas léger (550 calories)**
Côtelette de porc	1 moyenne de 5 oz (150 g), cuite	1 petite de 3 oz (90 g), cuite
Compote de pommes	$\frac{1}{4}$ tasse (60 ml)	$\frac{1}{4}$ tasse (60 ml)
Pommes de terre bouillies avec persil	8 petites ou 1 grosse	5 petites ou 1 moyennne
Salade de haricots à l'allemande	1 tasse (250 ml)	1 tasse (250 ml)
Pouding au tapioca	1 portion	1 portion
Café	1 tasse (250 ml)	1 tasse (250 ml)

REPAS LÉGER

SOUPER 20

Tacos

Vous pouvez assaisonner vos tacos avec beaucoup ou peu d'épices, à votre goût. Vous pouvez les garnir avec la recette de garniture aux fèves et à la viande décrite ci-dessous ou avec un reste de sauce à spaghetti, de chili con carne, de dinde ou d'une autre viande hachée. Les enfants adorent les tacos et ils veulent toujours aider à les préparer (tant pis pour les dégâts…). Pour varier, vous pouvez préparer des burritos en utilisant une tortilla au lieu d'un taco.

Garniture aux fèves et à la viande

Donne 5 tasses (1,25 litre), soit assez pour 20 tacos

1 lb (454 g) de bœuf haché, maigre

¹⁄₃ tasse (80 ml) d'eau

1 sachet de mélange à épices pour tacos ou burritos

1 boîte de 28 oz (796 ml) de fèves rouges ou blanches, dans leur jus

1. Dans une casserole moyenne, faites brunir le bœuf haché. Retirez le plus de gras possible de la casserole.
2. Incorporez l'eau et les épices. Faites cuire à feu moyen pendant 10 minutes. Ajoutez de l'eau au besoin. Ajoutez les fèves et prolongez la cuisson de 5 minutes.

Tacos

Pour chaque taco, vous aurez besoin des ingrédients suivants:

Un taco
Calories : 175
Glucides : 19 g
Protéines : 9,7 g
Gras : 7,7 g

1 coquille de taco

¹⁄₄ tasse (60 ml) de garniture aux fèves et à la viande

1 c. à soupe (15 ml) de fromage râpé

Beaucoup de légumes

1. Faites chauffer les tacos au four à 350 °F (175 °C) pendant 5 minutes.
2. Remplissez chaque taco avec la garniture aux fèves et à la viande, le fromage et les légumes.

...cos et les burritos se mangent avec les mains, pourquoi ne pas
...s plats qui se mangent aussi avec les mains? Essayez cette
...e légumes frais.

...pette aux légumes

...ne 1 ¹/₂ tasse (375 ml)

1 tasse (250 ml) de yogourt nature, écrémé	**Une portion de 2 c. à soupe (30 ml)** Calories : 25 Glucides : 3 g Protéines : 1,5 g Gras : 0,8 g
¹/₂ tasse (125 ml) de crème sure, faible en gras	

2 c. à soupe (30 ml) de mélange pour soupe à l'oignon

Oignons verts, hachés ou persil pour décorer

1. Mélangez les trois premiers ingrédients.
2. Décorez avec les oignons verts ou le persil.

Pour dessert, servez un gâteau des anges que vous aurez préparé à l'aide d'un
mélange ou, encore plus simplement, que vous aurez acheté dans une
boulangerie. Parmi tous les gâteaux, c'est celui qui contient le moins de gras.
Servez-le avec un fruit, comme des fraises fraîches ou congelées non sucrées,
et un soupçon de garniture fouettée congelée ou en conserve. Vous trouverez
d'autres suggestions pour la garniture à la page 159.

	Par grosse portion	Par petite portion
Glucides	**93 g**	**77 g**
Protéines	**35,8 g**	**25,5 g**
Gras	**26,7 g**	**18,0 g**
Gras saturé	12,8 g	8,8 g
Cholestérol	65 mg	43 mg
Fibres	14,5 g	11,5 g
Sodium	842 mg	628 mg
Vitamine A	264 µg	235 µg
Acide folique	166 µg	129 µg
Vitamine C	219 mg	218 mg
Potassium	1293 mg	1284 mg
Calcium	325 mg	225 mg
Fer	5,6 mg	4,2 mg

Menu du souper	Grand repas (730 calories)	Repas léger (550 calories)
Tacos à la viande et aux fèves	3	2
Crudités	2 tasses (500 ml)	2 tasses (500 ml)
Trempette pour légumes	2 c. à soupe (30 ml)	2 c. à soupe (30 ml)
Gâteau des anges	morceau de 3 po d'épais	morceau de 3 po d'épais
Fraises	¹/₂ tasse (125 ml)	¹/₂ tasse (125 ml)
Garniture à la crème fouettée	1 c. à soupe (15 ml)	1 c. à soupe (15 ml)

REPAS LÉGER

SOUPER 21

Foie et oignons

Vous aimez le foie? Alors, ce plat vous plaira. Les abats comme le foie, les rognons, le gésier et le cœur sont très riches en fer et autres nutriments. Comme ils sont aussi très riches en cholestérol, vous devez vous limiter à de petites portions.

Foie et oignons

Donne 3 grandes portions ou 4 moyennes

Une grosse portion
Calories : 295
Glucides : 15 g
Protéines : 37,1 g
Gras : 7,1 g

1 oignon moyen, finement tranché

**½ tasse (125 ml) de bouillon de bœuf —
un sachet de mélange pour bouillon de bœuf,
ou 1 cube, mélangé à ½ tasse (125 ml) d'eau**

¼ tasse (60 ml) de vin sec ou de vinaigre de vin

1 lb (454 g) de foie de bœuf

1. Faites chauffer le bouillon de bœuf et le vin dans une poêle anti-adhésive ou en fonte. Faites cuire l'oignon à feu doux jusqu'à ce qu'il soit tendre. Retirez l'oignon de la poêle en laissant le liquide.
2. Faites cuire le foie dans la poêle à feu élevé pendant quelques minutes de chaque côté. Assurez-vous qu'il est bien cuit, mais pas trop. Si vous le faites trop cuire, il sera dur. Juste avant de servir, remettez l'oignon dans la poêle pour le réchauffer.
3. Au moment de servir, si vous le désirez, versez le bouillon qui reste dans la poêle sur le foie et le riz.

Le foie est aussi excellent lorsqu'il est cuit sur le barbecue. Sur un barbecue chaud, le foie cuira rapidement – attention de ne pas trop le faire cuire.

Comme choix de féculent, mangez du riz (voir photo) ou des pommes de terre.

Ce mets est servi avec des carottes et des tomates. Vous pouvez servir des tomates en conserve ou des tomates fraîches, tranchées.

Pour dessert, servez une salade de fruits et deux gaufrettes à la vanille (ou un biscuit ordinaire). Pour préparer la salade de fruits, mélangez vos fruits préférés, frais ou congelés.

	Par grosse portion	Par petite portion
Glucides	109 g	92 g
Protéines	45,9 g	31,3 g
Gras	10,4 g	7,6 g
Gras saturé	3,4 g	2,4 g
Cholestérol	645 mg	410 mg
Fibres	10,5 g	10,1 g
Sodium	1145 mg	897 mg
Vitamine A	18 118 µg	11 841 µg
Acide folique	404 µg	276 µg
Vitamine C	77 mg	66 mg
Potassium	1729 mg	1487 mg
Calcium	159 mg	143 mg
Fer	14,9 mg	10,4 mg

Menu du souper	Grand repas (730 calories)	Repas léger (550 calories)
Foie	2 tranches (grande portion)	1 tranche (portion moyenne)
Oignons tranchés, cuits	¹/₂ tasse (125 ml)	¹/₂ tasse (125 ml)
Riz	1 tasse (250 ml)	³/₄ tasse (175 ml)
Carottes	¹/₂ tasse (125 ml)	¹/₂ tasse (125 ml)
Tomates en conserve	1 tasse (250 ml)	1 tasse (250 ml)
Salade de fruits frais	1 tasse (250 ml)	1 tasse (250 ml)
Gaufrettes à la vanille	2 petites	2 petites

REPAS LÉGER

foie

Bloc-notes magnétique

SOUPER 22

Burgers végétariens

Pour réduire la teneur en gras, utilisez du fromage maigre.

Ces burgers végétariens sont délicieux lorsqu'ils sont servis sur un bagel ou un pain à hamburger. Garnissez votre bagel avec une généreuse quantité de légumes : laitue, tomates, oignons et concombres.

Burgers végétariens

Donne 12 burgers

Un burger végétarien	
Calories : 153	
Glucides : 17 g	
Protéines : 8,5 g	
Gras : 6,3 g	

1 ½ tasse (375 ml) de riz cuit, brun ou blanc

1 boîte de 19 oz (540 ml) de fèves romano
 (ou de fèves pinto ou rouges)

⅓ tasse (80 ml) de graines de sésame

⅓ tasse (80 ml) de graines de tournesol

2 c. à soupe (30 ml) de germe de blé

¼ c. à thé (1 ml) de basilic

¼ c. à thé (1 ml) de poivre

½ c. à thé (2 ml) de poudre d'ail

1 c. à thé (5 ml) de flocons de persil

1 c. à thé (5 ml) d'aneth séché

1 œuf

1 tasse (250 ml) de mozzarella râpée, non tassée

1. Faites cuire le riz ou utilisez du riz refroidi que vous aurez fait cuire la veille.
2. Égouttez les fèves. Dans un petit bol, écrasez-les à l'aide d'une fourchette ou d'un pilon.
3. Dans un grand bol, mélangez tous les ingrédients avec une grosse cuillère ou une fourchette, ou encore avec vos mains.
4. Façonnez des boulettes. Dans une poêle anti-adhésive ou dans une poêle épaisse (légèrement graissée), faites-les cuire jusqu'à ce qu'elles brunissent.

Salade au chou frisé et à l'orange

Cette salade est composée de feuilles de chou frisé, de chou chinois tranché, de brocoli, d'oranges et de fraises. La salade qui accompagne ce plat est riche en calcium, en fer et en vitamine C. Ajoutez du pourpier (le vert) si vous le voulez (voir page 19). Enlevez la base coriace du chou frisé et hachez les feuilles en fines lamelles. Assaisonnez avec votre vinaigrette préférée et saupoudrez de graines de sésame, du lin broyé ou des noix.

Ce dessert est facile à préparer et a un goût léger fort agréable.

Délice de rêve

Donne 4 portions

Une portion
Calories : 76
Glucides : 6 g
Protéines : 3,4 g
Gras : 4,3 g

1 sachet de gélatine légère à la framboise

ou à toute autre saveur

1 sachet de gélatine non aromatisée

1 sachet de mélange de garniture à dessert (pour faire 2 tasses)

1 ¼ tasse (300 ml) d'eau bouillante

1 ¼ tasse (300 ml) d'eau froide

1. Dans un bol, mélangez les deux sachets de gélatine.
2. Ajoutez 1 ¼ tasse (300 ml) d'eau bouillante. Mélangez jusqu'à ce que la gélatine soit dissoute. Ajoutez ensuite 1 ¼ tasse (300 ml) d'eau froide et mélangez. Mettez au réfrigérateur.
3. Après environ 45 minutes, sortez la gélatine du réfrigérateur. Elle doit être aussi épaisse qu'un blanc d'œuf non battu, mais pas trop ferme.
4. Préparez le mélange à garniture fouettée en poudre en suivant les instructions sur le paquet.
5. Incorporez la garniture à la gélatine avec un batteur et mélangez bien.
6. Versez dans des bols à dessert. Mettez au réfrigérateur jusqu'à ce que la gélatine soit ferme.

Si vous préparez ce dessert avec de la gélatine ordinaire plutôt que légère, chaque portion contiendra alors 4 c. à thé (20 ml) de sucre de plus.

	Par grosse portion	Par petite portion
Glucides	106 g	89 g
Protéines	33,7 g	24,2 g
Gras	22,1 g	14,0 g
Gras saturé	8,0 g	6,2 g
Cholestérol	70 mg	47 mg
Fibres	11,3 g	8,0 g
Sodium	1270 mg	1132 mg
Vitamine A	343 µg	299 µg
Acide folique	266 µg	199 µg
Vitamine C	138 mg	138 mg
Potassium	1041 mg	845 mg
Calcium	419 mg	292 mg
Fer	7,5 mg	5,8 mg

Menu du souper	Grand repas (730 calories)	Repas léger (550 calories)
Burgers végétariens	2	1
Bagel	1	1
Mayonnaise légère	2 c. à thé (10 ml)	½ c. à thé (2 ml)
Salade au chou frisé et à l'orange	grande	grande
Vinaigrette sans huile	1 c. à soupe (15 ml)	1 c. à soupe (15 ml)
Délice de rêve	1 tasse (250 ml)	1 tasse (250 ml)

REPAS LÉGER

SOUPER 23

Casserole de saumon et de pommes de terre

Ce plat est l'une des spécialités de mon mari. Facile à préparer, il est toujours populaire. On peut le préparer avec du saumon ou du thon en conserve, ou encore avec les restes de n'importe quel poisson.

Pour assaisonner votre saumon, vous pouvez ajouter :
- *½ c. à thé (2 ml) de raifort ;*
- *¼ c. à thé (1 ml) de moutarde ;*
- *1 c. à soupe (15ml) de salsa ;*
- *1 c. à soupe (15 ml) de sauce à spaghetti.*

- *Vous pouvez également recouvrir ce plat de chapelure assaisonnée (voir page 130) ou de parmesan.*

- *Vous pouvez utiliser de la purée de pommes de terre instantanée. Elle est plus onctueuse que la purée maison.*

Casserole de saumon et de pommes de terre

**Donne une petite casserole
(2 grosses portions ou 3 portions moyennes)**

Une grosse portion
Calories : 518
Glucides : 34 g
Protéines : 34,9 g
Gras : 26,8 g

1 boîte (213 g) de saumon rose (dans l'eau)

Une pincée de poivre

**2 tasses (500 ml) de purée de pommes de terre
(vous pouvez utiliser un reste de purée)**

1 tasse (250 ml) de cheddar râpé, non tassé

1. Égouttez le saumon, puis réduisez-le en purée avec les arêtes. Déposez le saumon au fond d'un petit plat allant au four. Poivrez et recouvrez de la moitié du fromage râpé.
2. Étendez la purée de pommes de terre sur le saumon et le fromage.
3. Recouvrez avec le reste du fromage.
4. Faites cuire au four à 350 °F (175 °C) pendant une demi-heure, ou au four à micro-ondes pendant 8 minutes.

Pour varier, vous pouvez également faire des boulettes avec le mélange et les faire cuire dans une poêle anti-adhésive.

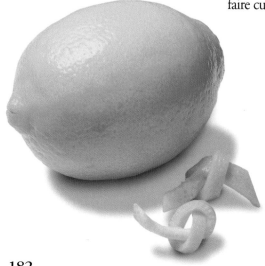

Ce plat est servi avec du maïs sucré ainsi que des épinards et un jus de tomate, deux légumes faibles en calories.

Vous pouvez acheter les épinards frais ou congelés.

Pour le maïs en crème, ⅓ tasse (80 ml) suffira et pour le maïs en grains, il faudra utiliser ½ tasse (125 ml). Le maïs en crème contient du sucre ajouté, la portion doit donc être plus petite.

Pour dessert, servez une gélatine légère aux fruits.

Les épinards sont riches en fer et en acide folique.

Gélatine légère aux fruits

Donne 3 portions de 1 tasse (250 ml)

Une portion de 1 tasse (250 ml)
Calories : 75
Glucides : 17 g
Protéines : 2,4 g
Gras : 0 g

1 sachet de gélatine légère

1 tasse (250 ml) d'eau bouillante

¼ tasse (60 ml) d'eau froide

1 boîte de 14 oz (398 ml) de salade de fruits dans son jus

1. Mettez la gélatine dans un bol moyen (pas en plastique).
2. Ajoutez l'eau bouillante. Mélangez jusqu'à ce que la gélatine soit dissoute.
3. Ajoutez l'eau froide et la salade de fruits, puis mélangez bien.
4. Versez le mélange dans trois bols à dessert. Mettez au réfrigérateur jusqu'à consistance ferme.

Vous pouvez remplacer la salade de fruits par un autre fruit en conserve, des pêches, par exemple. Coupez les fruits en morceaux.

Vous pouvez aussi utiliser 1 ¾ tasse (425 ml) de fruits frais en morceaux au lieu des fruits en conserve. Vous devez alors ajouter 1 tasse (250 ml) d'eau froide au lieu de ¼ tasse (60 ml).

	Par grosse portion	Par petite portion
Glucides	87 g	70 g
Protéines	45,0 g	32,6 g
Gras	27,2 g	18,4 g
Gras saturé	13,7 g	9,2 g
Cholestérol	84 mg	56 mg
Fibres	10,5 g	9,7 g
Sodium	1441 mg	1218 mg
Vitamine A	615 µg	556 µg
Acide folique	192 µg	189 µg
Vitamine C	38 mg	38 mg
Potassium	1772 mg	1595 mg
Calcium	809 mg	619 mg
Fer	4,9 mg	4,3 mg

Menu du souper	Grand repas (730 calories)	Repas léger (550 calories)
Casserole de saumon et pommes de terre	½ recette	⅓ recette
Maïs	¾ tasse (175 ml)	½ tasse (125 ml)
Épinards	½ tasse (125 ml)	½ tasse (125 ml)
Jus de tomate	½ tasse (125 ml)	½ tasse (125 ml)
Céleri	¼ branche (dans du jus de tomate)	1 ¼ branche
Gélatine légère aux fruits	1 tasse (250 ml)	1 tasse (250 ml)

Repas léger

... pâtes et de sauce à ajouter au bœuf haché
... beaucoup de gras. Cette recette est moins riche en gras.

...outer
...e piquante.

Les pâtes en forme de tire-bouchon donnent un bel aspect à ce plat, mais si vous n'en avez pas, le macaroni fera aussi bien l'affaire.

Casserole de bœuf haché et de pâtes

Donne 7 ⅓ tasses (1,8 litre) environ
4 grosses portions ou 6 petites

Une portion de 1 tasse (250 ml)
Calories : 281
Glucides : 37 g
Protéines : 17,8 g
Gras : 6,6 g

1 lb (454 g) de bœuf haché, maigre

1 gros oignon haché

¼ c. à thé (1 ml) de poivre

1 boîte de 10 oz (284 ml) de soupe aux tomates

1 boîte de 10 oz (284 ml)

de champignons en morceaux (égouttés)

1 tasse (250 ml) de lait écrémé

1 c. à thé (5 ml) de sauce Worcestershire

4 tasses (1 litre) de pâtes non cuites en forme de tire-bouchon
ou 2 ½ tasses (625 ml) de macaroni

1. Dans une grosse casserole épaisse, faites brunir le bœuf haché. Enlevez tout le gras.
2. Ajoutez l'oignon haché à la viande et continuez la cuisson jusqu'à ce que l'oignon soit tendre. Ajoutez de l'eau si le mélange est trop sec. Ajoutez tous les autres ingrédients, sauf les pâtes. Laissez mijoter pendant 15 minutes.
3. Pendant la cuisson, plongez les pâtes dans une casserole d'eau bouillante. Une fois cuites, égouttez-les.
4. Ajoutez les pâtes cuites au mélange de viande. Laissez mijoter 5 minutes de plus.

Ce mets est servi avec un mélange de légumes et du chou à la vapeur. Vous pouvez assaisonner votre chou avec 1 c. à soupe (15 ml) de fromage à tartiner léger au lieu de beurre ou de margarine.

Pour dessert, prenez une portion de fruit frais.

	Par grosse portion	Par petite portion
Glucides	113 g	89 g
Protéines	38,1 g	27,9 g
Gras	16,3 g	10,8 g
Gras saturé	5,1 g	3,4 g
Cholestérol	55 mg	39 mg
Fibres	13,7 g	11,1 g
Sodium	893 mg	634 mg
Vitamine A	470 µg	336 µg
Acide folique	97 µg	80 µg
Vitamine C	50 mg	47 mg
Potassium	1440 mg	1189 mg
Calcium	211 mg	171 mg
Fer	6,3 mg	4,8 mg

Menu du souper	Grand repas (730 calories)	Repas léger (550 calories)
Casserole de bœuf haché et de nouilles	1 ³/₄ tasse (425 ml)	1 ¹/₄ tasse (300 ml)
Légumes mélangés	1 tasse (250 ml)	³/₄ tasse (175 ml)
Chou	1 tasse (250 ml)	1 tasse (250 ml)
Margarine ou beurre	1 c. à thé (5 ml)	¹/₂ c. à thé (2 ml)
Raisins	1 ¹/₄ tasse (300 ml) ou 33 raisins	1 ¹/₄ tasse (300 ml) ou 33 raisins

REPAS LÉGER

SOUPER 25

Pizza

Sauce à pizza
Mélangez ensemble le contenu d'une boîte de 14 oz (398 ml) de sauce tomate, 1/2 c. à thé (2 ml) d'origan et 1/2 c. à thé (2 ml) de poudre d'ail.

Pour une pizza plus relevée, ajoutez:
- *1 petit oignon (finement haché);*
- *1 gousse d'ail hachée (au lieu de poudre d'ail);*
- *1/2 branche de céleri hachée;*
- *une pincée de cannelle moulue et de clou de girofle moulu.*

Vous pouvez également faire des mini pizzas sur des moitiés de pains à hamburger, des mini pitas ou sur des muffins anglais.

Vous pouvez vous offrir une pizza au restaurant ou préparer celle-ci à la maison. Sur la photo, vous voyez une pizza à pâte épaisse. Une pâte mince contient moins de calories. Choisissez une pizza avec beaucoup de légumes, et n'abusez pas de la viande et du fromage.

Si vous préparez votre propre pizza à la maison, vous pouvez réduire la teneur en gras en choisissant de la viande et du fromage maigres et en mettant une grande quantité de vos légumes préférés. Voici une recette facile à préparer.

Pizza maison

Donne une pizza de 12 po (30 cm) ou 8 pointes moyennes

Une pointe moyenne de pizza
Calories : 298
Glucides : 40 g
Protéines : 11,5 g
Gras : 10,5 g

Une croûte de pizza de 12 po (30 cm), achetée à l'épicerie

1 tasse (250 ml) de sauce à pizza (voir l'encadré)

Légumes (champignons, poivrons, oignon, tomate, brocoli, courgette ou aubergine)

1/2 tasse (125 ml) d'ananas en morceaux

2 oz (60 g) de jambon, de saucisse ou de pepperoni en tranches

3/4 tasse (175 ml) de fromage râpé à moins de 20% de M.G., non tassé

1. Recouvrez la pâte à pizza de sauce.
2. Ajoutez les légumes, l'ananas et la viande. Recouvrez de fromage.
3. Déposez la pizza sur une grille ou sur une plaque à pizza. Faites cuire à 350 °F (175 °C), jusqu'à ce que le fromage forme des bulles.

Servez la pizza avec une salade et un verre de boisson gazeuse diététique (voir photo) ou un petit verre de jus de tomate. N'oubliez pas de boire de l'eau.

Pour dessert, prenez un fruit.

Quelques conseils si vous mangez au restaurant

- Commencez par une salade, un consommé ou une soupe aux légumes. Les fast-foods offrent maintenant des salades à leur menu.
- Demandez qu'on vous serve une vinaigrette faible en gras à part.
- Comme collation, mangez un fruit ou un légume frais avant d'aller au restaurant. Vous aurez ainsi moins faim et vous éviterez de trop manger.
- Il est préférable de choisir ce que vous allez manger avant d'arriver au restaurant. Il est encore mieux de décider d'avance ce que vous ne voulez pas manger.
- N'hésitez pas à demander qu'on vous prépare les aliments à votre goût. Par exemple, si vous commandez un sandwich, demandez qu'on ne mette pas de beurre.
- Si vos portions sont trop grosses, demandez qu'on vous emballe les restes et apportez-les à la maison.

Consommer des boissons gazeuses régulières, des boissons sucrées et même du jus augmentera votre consommation de sucre inutilement. Souvenez-vous que l'eau est ce dont votre corps a besoin lorsque vous êtes assoiffé (voir page 34).

	Par grosse portion	Par petite portion
Glucides	106 g	80 g
Protéines	26,8 g	19,2 g
Gras	25,7 g	18,7 g
Gras saturé	5,0 g	3,5 g
Cholestérol	21 mg	14 mg
Fibres	11,2 g	8,7 g
Sodium	1455 mg	1056 mg
Vitamine A	184 µg	163 µg
Acide folique	245 µg	198 µg
Vitamine C	29 mg	25 mg
Potassium	1346 mg	1122 mg
Calcium	286 mg	214 mg
Fer	6,1 mg	4,3 mg

Menu du souper	Grand repas (730 calories)	Repas léger (550 calories)
Pizza de 12 po (30 cm)	2 pointes moyennes	1 grande pointe
Salade	grande	grande
Vinaigrette sans huile	1 c. à soupe (15 ml)	1 c. à soupe (15 ml)
Boisson gazeuse diététique	grande	grande
Nectarine	1	1

REPAS LÉGER

Sandwich de poulet grillé et frites

Oui, vous pouvez encore manger dans les fast-foods – à l'occasion. La plupart des aliments servis dans ce genre de restaurants sont riches en gras.

Comme les frites sont très populaires dans ces restaurants, elles font partie de ce repas, mais choisissez une petite portion seulement.

Si vous préparez ce repas à la maison, vous avez le choix entre des frites sans gras au four (page 138), des frites congelées au four ou une pomme de terre au four.

Au lieu de commander une poitrine de poulet grillée sur petit pain (comme sur la photo), vous pouvez choisir :
- une petite portion de six croquettes de poulet avec sauce
- un hamburger au poisson
- un hamburger au fromage.

Salade de poulet chaud avec biscuits
Pour un repas rapide, utilisez des morceaux de poulet panés congelé pour en faire une salade-repas. Visitez le site *www.mealsforgoodhealth.com* pour voir la recette et le menu complet.

194

Ce repas comporte une salade assaisonnée d'une vinaigrette légère. Le repas léger ne comporte pas de salade à cause des calories (voir l'encadré). Au restaurant, le meilleur choix est une salade sans vinaigrette ou avec la moitié d'un sachet de vinaigrette légère (à base de vinaigre).

Comme ce repas contient plus de gras que les autres repas, aucun dessert n'est prévu avec le repas léger.

Buvez de l'eau ou une boisson gazeuse «diète», si vous préférez.

Essayez de couper le lait et le sucre avec votre café ou votre thé, ou réduisez-en la quantité.

Vinaigrettes
- *Certaines vinaigrettes «légères» servies au restaurant sont encore trop riches en calories. Un petit sachet peut contenir jusqu'à 60 calories. Lisez bien l'étiquette.*

- *Un sachet de vinaigrette «ordinaire» servie au restaurant peut contenir 200 calories.*

	Par grosse portion	Par petite portion
Glucides	89 g	63 g
Protéines	29,1 g	25,1 g
Gras	38,2 g	31,1 g
Gras saturé	9,8 g	8,8 g
Cholestérol	102 mg	99 mg
Fibres	5,3 g	3,8 g
Sodium	1345 mg	1097 mg
Autres nutriments non disponibles		

Menu du souper	Grand repas (730 calories)	Repas léger (550 calories)
Sandwich de poulet grillé	1	1
Frites	1 petite portion	1 petite portion
Ketchup	1 c. à soupe (15 ml)	1 c. à soupe (15 ml)
Salade	1 petite	1 petite (facultatif)
Vinaigrette légère	1 sachet	–
Boisson gazeuse diététique	grande	grande
Cornet au yogourt glacé	1 petit	–

REPAS LÉGER

SOUPER 27

Sauté à la chinoise

Mettez le riz à cuire avant de commencer à faire frire les légumes et la viande.

Suggestions de protéines
Vous pouvez remplacer la viande rouge, le poulet ou le poisson par:
- *5 oz (150 g) de restes de poulet, de viande ou de poisson cuit;*
- *7 oz (210 g) de crevettes (23 crevettes géantes);*
- *½ tasse (125 ml) de tofu ferme (en morceaux);*
- *28 amandes.*

Après avoir coupé la viande crue, lavez votre couteau et votre planche à découper à l'eau chaude savonneuse.

Pour préparer ce plat à la chinoise à la maison, ne mettez pas de gras (ou très peu) dans la casserole, la poêle anti-adhésive ou le wok. Utilisez une casserole suffisamment grande pour contenir tous les légumes.

Sauté à la chinoise

Donne 4 tasses (1 litre) ou 2 grosses portions

¾ tasse (6 oz) ou 175 ml (180 g) de viande rouge maigre, de poulet ou de poisson (finement tranché)

1 sachet de mélange pour bouillon de poulet ou de bœuf

2 c. à soupe (30 ml) d'eau

1 petit oignon

1 ou 2 gousses d'ail hachées

4 à 6 tasses (1 à 1,5 litre) de légumes variés en morceaux

2 c. à thé (10 ml) de fécule de maïs

¼ tasse (60 ml) d'eau froide

1 c. à soupe (15 ml) de sauce soya

¼ c. à thé (1 ml) de gingembre moulu

Une portion de 1 tasse (250 ml)
Calories: 122
Glucides: 16 g
Protéines: 11,5 g
Gras: 2,4 g

1. Hachez ou tranchez l'oignon, l'ail et les légumes. Habituellement, je place dans un même bol les légumes qui demandent le plus de cuisson, comme les carottes et le brocoli, puis dans un autre bol, ceux qui cuisent plus vite, comme les fèves germées. Mettez les bols de légumes de côté.

2. Placez la viande crue (ou un autre choix de protéines) dans le wok ou une poêle à frire non chauffée. Saupoudrez la viande du mélange pour bouillon et mêlez bien. Ajoutez 2 c. à soupe (30 ml) d'eau. Chauffez le wok ou la poêle et faites cuire pendant environ 3 minutes. Si vous utilisez un reste de viande déjà cuite, vous n'avez pas besoin de la faire cuire à nouveau.

3. Ajoutez les oignons, l'ail et les légumes que vous avez mis dans le premier bol. Faites cuire à feu élevé en remuant pendant 5 à 10 minutes jusqu'à ce que les légumes soient cuits. Ajoutez maintenant les légumes du deuxième bol.

4. Dans un petit bol, mélangez la fécule de maïs, l'eau froide, la sauce soya et le gingembre. Versez ce mélange dans le wok. Continuez la cuisson pendant une minute ou deux.

Il est préférable d'utiliser des légumes frais pour cette recette, mais les légumes congelés ou en conserve font aussi l'affaire. Voici un choix de légumes:

- pousses de bambou (en conserve)
- brocoli (en morceaux)
- carottes ou céleri (en tranches)
- champignons (tranchés)
- chou (râpé)
- chou-fleur (en morceaux)
- fèves germées
- maïs miniatures (en conserve)
- oignons verts (hachés)
- petits pois congelés ou pois mange-tout frais
- poivrons verts (en lamelles)

Ce repas comprend un consommé de bœuf et des craquelins (biscuits soda). Si vous mangez au restaurant chinois, commencez par le consommé.

Mangez beaucoup de plats de légumes faibles en calories. Vous pouvez assaisonner votre riz avec un peu de sauce soya. Le riz frit est riche en gras. Au restaurant, prenez une petite quantité de riz frit mélangé à du riz blanc, si vous le désirez.

Évitez les aliments panés préparés en grande friture et servis avec une sauce sucrée.

Un biscuit chinois constitue un bon dessert. En plus, vous connaîtrez votre avenir. Bonne chance!

	Par grosse portion	Par petite portion
Glucides	132 g	103 g
Protéines	38,4 g	30,6 g
Gras	7,1 g	5,7 g
Gras saturé	2,1 g	1,7 g
Cholestérol	38 mg	29 mg
Fibres	12,1 g	10,2 g
Sodium	2887 mg	2538 mg
Vitamine A	635 µg	514 µg
Acide folique	134 µg	106 µg
Vitamine C	97 mg	75 mg
Potassium	1753 mg	1464 mg
Calcium	456 mg	418 mg
Fer	4,6 mg	3,5 mg

Menu du souper	Grand repas (730 calories)	Repas léger (550 calories)
Bouillon de bœuf	1 tasse (250 ml)	1 tasse (250 ml)
Sauté à la chinoise	2 tasses (500 ml)	1 1/2 tasse (375 ml)
Riz blanc	1 1/4 tasse (300 ml)	3/4 tasse (175 ml)
Lait écrémé ou 1 %	1 tasse (250 ml)	1 tasse (250 ml)
Poire	1	1
Biscuits chinois	2	2

SOLUTIONS WILL COME TO YOU WHILE YOU ARE WALKING.

REPAS LÉGER

SOUPER 28

Sandwich Denver et soupe

Au restaurant, une soupe et un sandwich constituent un excellent repas léger. Vous avez le choix entre un sandwich Denver, un club ou un sandwich bacon, laitue et tomate. Demandez qu'on ne mette ni beurre ni mayonnaise sur le pain ou demandez qu'on en mette très peu. Évitez les frites. Si vous voulez vous préparer un sandwich Denver à la maison, voici la recette.

Sandwich Denver	**Un sandwich** Calories : 358 Glucides : 29 g Protéines : 19,6 g Gras : 18,2 g
Donne un sandwich	

1 tranche de 1 oz (30 g) de bacon ou de jambon

2 œufs

1 c. à soupe (15 ml) de persil, d'oignons verts, d'oignon ou de ciboulette (haché)

Poivre au goût

2 rôties beurrées avec ½ c. à thé (2 ml) de beurre, de margarine ou de mayonnaise, ou encore avec 1 c. à thé (5 ml) de mayonnaise légère

Laitue

1. Hachez le bacon et faites-le frire. Enlevez tout le gras et mettez les morceaux de bacon sur une serviette de papier pour absorber le gras. Si vous utilisez du jambon haché au lieu du bacon, vous n'avez pas besoin de le faire cuire.
2. Dans un petit bol, battez les œufs à la fourchette. Ajoutez le bacon ou le jambon ainsi que le persil ou les oignons verts.
3. Faites cuire dans une poêle anti-adhésive sans gras. Remuez de temps en temps.
4. Déposez le mélange aux œufs sur une rôtie.
5. Complétez votre sandwich avec de la laitue ou d'autres légumes.

Si vous n'avez pas le goût d'une soupe aux tomates, commandez une soupe aux légumes ou un verre de jus de tomate. Les crèmes de champignons ou de pois verts sont les soupes les plus riches en calories. N'en abusez pas.

Les craquelins suivants contiennent à peu près le même nombre de calories:
- 1 bâtonnet de pain;
- 2 craquelins (biscuits soda);
- 1 croustipain;
- 2 biscottes Melba;
- 1 craquelin (de type Ritz).

Ce repas ne comporte pas de dessert. Si vous désirez terminer votre repas par un petit fruit, ne prenez pas de bâtonnets de pain. Vous pouvez aussi choisir un dessert très faible en calories comme une gélatine légère ou un Popsicle sans sucre acheté à l'épicerie.

	Par grosse portion	Par petite portion
Glucides	76 g	61 g
Protéines	34,5 g	24,7 g
Gras	33,4 g	24,3 g
Gras saturé	8,6 g	6,0 g
Cholestérol	653 mg	436 mg
Fibres	12,0 g	8,8 g
Sodium	2366 mg	2001 mg
Vitamine A	494 µg	369 µg
Acide folique	225 µg	188 µg
Vitamine C	19 mg	17 mg
Potassium	1132 mg	964 mg
Calcium	226 mg	173 mg
Fer	7,7 mg	5,9 mg

Menu du souper	Grand repas (730 calories)	Repas léger (550 calories)
Soupe aux tomates (faite avec de l'eau)	1 tasse (250 ml)	1 tasse (250 ml)
Bâtonnet de pain	1 ½	1 ½
Sandwich Denver	1 ½ sandwich	1 sandwich
Salade	grande	grande
Vinaigrette sans huile	1 c. à soupe (15 ml)	1 c. à soupe (15 ml)

REPAS LÉGER

Brochettes

En grec, une brochette se dit souvlaki et elle ne comporte que de la viande. En général, elle est bien imbibée d'huile d'olive et contient beaucoup de calories.

Cette recette peut également être préparée avec des morceaux d'agneau ou de chèvre (comme on les prépare souvent en Grèce), du poulet ou du poisson.

En ajoutant des légumes à vos brochettes, vous réduisez le nombre de calories parce que vous ne mangez pas que de la viande.

Dans un restaurant grec ou du Moyen-Orient, choisissez des brochettes: c'est le mets le moins riche en gras. À la maison, essayez cette recette sans huile.

Marinade pour brochettes

Une portion de 1 c. à soupe (15 ml)
Calories : 22
Glucides : 5 g
Protéines : 0,8 g
Gras : 0,1 g

Donne une quantité suffisante pour 2 brochettes

2 c. à soupe (30 ml) de sauce soya

2 c. à soupe (30 ml) d'oignons finement hachés

1 gousse d'ail, écrasée et finement hachée ou ½ c. à thé (2 ml) de poudre d'ail

1 c. à soupe (15 ml) de racine de gingembre haché ou

1 c. à thé (5 ml) de poudre de gingembre

2 c. à soupe (30 ml) de vin sec ou de vinaigre de vin

Mélangez tous les ingrédients dans un bol. Faites mariner la viande au réfrigérateur pendant environ deux heures.

Brochettes

Pour chaque brochette, vous aurez besoin des ingrédients suivants:

Viande – cubes de 4 cm (1 ½ po) de bœuf ou d'agneau maigre

Pour le grand repas: 4 cubes – 6 oz (180 g) de viande crue

Pour le repas léger: 3 cubes – 4 oz (120 g) de viande crue

Légumes

Tomates cerises, champignons frais entiers, poivrons verts en morceaux, petits oignons entiers (ou en morceaux), courgettes, aubergines ou tout autre légume au choix.

1. Disposez la viande et les légumes sur des brochettes, comme sur la photo. À l'aide d'un pinceau, enrobez-les de marinade. Si vous aimez votre viande bien cuite, faites griller les brochettes sur le barbecue pendant 5 minutes avant d'ajouter les légumes.
2. Faites griller les brochettes sur le barbecue de 5 à 10 minutes ou jusqu'à ce qu'elles soient cuites.

Pour varier, ajoutez 1 c. à soupe (15 ml) de sauce tomate ou de sauce à pizza sur votre riz cuit (voir la page 190).

La salade grecque se compose de tomates, d'oignon, de poivron vert, de feta et d'olives noires. Vous pouvez aussi ajouter de la laitue. La salade traditionnelle grecque est faite avec une grande quantité d'huile d'olive. Voici une recette sans huile. Si vous désirez ajouter 2 c. à soupe (30 ml) d'huile d'olive au lieu de la vinaigrette italienne sans huile*, réduisez la taille de vos cubes de viande à 2,5 cm (1 po) pour faire place à l'ajout de calories.

Salade grecque

Donne deux grosses salades

2 **grosses tomates coupées en quartiers**

½ **oignon moyen, tranché**

½ **poivron vert en morceaux**

½ **petit concombre**

¼ **tasse (60 ml) de feta, en miettes ou en morceaux**

4 **olives noires**

2 **c. à soupe (30 ml) de vinaigrette italienne sans huile**

(**ou d'huile d'olive**)*

Origan

Une grosse portion
Calories : 151
Glucides : 13 g
Protéines : 6,2 g
Gras : 9,4 g

Si vous prenez ce repas au restaurant, n'oubliez pas de demander qu'on vous serve la vinaigrette à part.

1. Mélangez les tomates, l'oignon, le poivron vert, le concombre, la feta et les olives.
2. Avant de servir, ajoutez la vinaigrette et saupoudrez d'origan.

Pour terminer ce repas, voici un dessert faible en gras :
Une pomme saupoudrée d'un soupçon de cannelle et de sucre à glacer. Vous pouvez remplacer la pomme par une orange, la moitié d'un cantaloup, du melon ou des raisins.

	Par grosse portion	Par petite portion
Glucides	87 g	69 g
Protéines	42,0 g	32,2 g
Gras	24,5 g	17,3 g
Gras saturé	9,5 g	7,7 g
Cholestérol	95 mg	78 mg
Fibres	7,2 g	6,6 g
Sodium	1863 mg	1608 mg
Vitamine A	205 µg	105 µg
Acide folique	89 µg	76 µg
Vitamine C	104 mg	84 mg
Potassium	1249 mg	1099 mg
Calcium	272 mg	255 mg
Fer	7,2 mg	5,6 mg

Menu du souper	**Grand repas (730 calories)**	**Repas léger (550 calories)**
Brochettes	1 avec 4 cubes de bœuf	1 avec 3 cubes de bœuf
Riz	³/₄ tasse (175 ml)	³/₄ tasse (175 ml)
Salade grecque avec vinaigrette	1 grande	1 grande
Petit pain croustillant	1	–
Margarine	1 c. à thé (5 ml)	–
Pomme à la cannelle	½ pomme de 3 po (7,5 cm) avec ½ c. à thé (2 ml) de sucre à glacer et de la cannelle	½ pomme de 3 po (7,5 cm) avec ½ c. à thé (2 ml) de sucre à glacer et de la cannelle

REPAS LÉGER

SOUPER 30

Rotis au cari

Les rotis et les chapatis sont des galettes indiennes faites avec de la farine et de l'eau. Deux chapatis équivalent à un roti. On trouve des rotis et des chapatis prêts à manger dans le commerce.

Si vous ne pouvez pas vous procurer de rotis ou de chapatis, vous pouvez les remplacer par deux pains pita ou deux tortillas. Une tasse et demie (375 ml) de riz remplace également un roti.

Dans les Antilles, les rotis sont servis avec une farce au cari composée de viande, de poulet ou de fèves et de pommes de terre. Les plats au cari sont parfois accompagnés de rotis.

Voici deux façons de servir le concombre:
Tranchez-le finement et mettez les tranches dans un bol avec :
- *du yogourt nature écrémé assaisonné de menthe ou d'un soupçon de paprika;*
- *ou encore du vinaigre, du jus de citron ou de la lime.*

Farce de pois chiches et de pommes de terre au cari

Donne 3 tasses (750 ml), ce qui est suffisant pour six rotis

Un roti
Calories : 512
Glucides : 95 g
Protéines : 13,6 g
Gras : 8,7 g

¹/₄ **tasse (60 ml) d'eau**

1 c. à thé (5 ml) d'huile végétale

1 oignon moyen, haché

2 gousses d'ail finement hachées ou broyées

1 c. à soupe (15 ml) de poudre de cari (douce ou forte)

Un soupçon de sauce piquante ou de poudre de chili

2 petites pommes de terre cuites et coupées en petits morceaux

1 boîte de 19 oz (540 ml) de pois chiches dans leur jus

1. Faites chauffer l'eau et l'huile dans une casserole épaisse et ajoutez l'oignon, l'ail, la poudre de cari et la sauce piquante. Laissez mijoter à feu doux jusqu'à ce que l'oignon soit tendre.
2. Ajoutez les pommes de terre cuites et les pois chiches avec leur jus et continuez la cuisson pendant une demi-heure. Laissez refroidir et conservez au réfrigérateur jusqu'au lendemain.

Pour faire les rotis

Le lendemain, faites réchauffer la farce et déposez ¹/₂ tasse (125 ml) de farce au milieu de chaque roti. Repliez un bord sur la farce, puis l'autre. Pliez les bouts vers le centre pour faire un beau chausson. Déposez les chaussons sur une plaque, les plis en dessous. Faites cuire au four à micro-ondes à température élevée pendant trois à quatre minutes ou dans un four chaud pendant une demi-heure.

Ce plat est servi avec des bâtonnets de carotte et de concombre. Le grand repas comporte aussi du plantain. Le plantain ressemble à une banane verte (voir la photo). Mais contrairement à la banane, il faut le faire cuire avant de le manger. Le plantain est mûr lorsque sa pelure commence à noircir. Vous pouvez alors l'éplucher, le couper en lamelles et le faire bouillir jusqu'à ce qu'il soit tendre. Ensuite, enduisez-le légèrement de margarine à l'aide d'un pinceau et faites-le rôtir ou griller au four. Vous pouvez également le faire bouillir d'abord, puis le faire cuire dans une poêle anti-adhésive. Ce légume contient de l'amidon (comme le maïs et les pommes de terre).

Pour terminer ce repas, servez des meringues à la noix de coco qui contiennent du sucre, mais pas de gras. Ce dessert est donc faible en calories. Deux meringues contiennent à peu près la même quantité de sucre et de calories qu'une petite portion de fruit.

Meringues à la noix de coco

Donne 28 meringues de 2 po (5 cm)

Une meringue
Calories : 31
Glucides : 7 g
Protéines : 0,5 g
Gras : 0,1 g

1 tasse (250 ml) de sucre

¼ c. à thé (1 ml) de crème de tartre

4 blancs d'œufs, à température de la pièce (jetez les jaunes)

½ c. à thé (2 ml) d'essence de noix de coco

1 c. à soupe (15 ml) de noix de coco non sucrée (facultatif)

1. Dans un petit bol, mélangez le sucre et la crème de tartre.
2. Battez les blancs d'œufs jusqu'à ce qu'ils soient fermes. Ajoutez graduellement le mélange de sucre et de crème de tartre, puis continuez de battre jusqu'à ce que le mélange forme des pics fermes. Incorporez l'essence de noix de coco tout en battant.
3. Déposez des cuillerées du mélange sur deux plaques à biscuits non graissées. Saupoudrez les meringues de noix de coco. Faites cuire à 200 °F (90 °C) pendant deux heures. Après une heure et demie, vérifiez si elles sont prêtes. Elles doivent être sèches lorsque vous les piquez avec une brochette ou un cure-dent. Lorsqu'elles sont prêtes, éteignez le four et laissez-les reposer pendant deux heures de plus.
4. Une fois refroidies, rangez-les dans un pot à biscuits ou dans un contenant en plastique.

	Par grosse portion	Par petite portion
Glucides	**144 g**	**107 g**
Protéines	**18,0 g**	**14,9 g**
Gras	**11,0 g**	**8,9 g**
Gras saturé	2,0 g	1,7 g
Cholestérol	1 mg	0 mg
Fibres	11,2 g	8,6 g
Sodium	716 mg	652 mg
Vitamine A	912 µg	289 µg
Acide folique	118 µg	93 µg
Vitamine C	30 mg	12 mg
Potassium	1280 mg	706 mg
Calcium	167 mg	110 mg
Fer	3,9 mg	3,2 mg

Menu du souper	Grand repas (730 calories)	Repas léger (550 calories)
Roti aux pommes de terre et haricots	1 roti	1 roti
Plantain rôti – enduit légèrement de ½ c. à thé (5 ml) de margarine	½	–
Bâtonnets de carotte	1 carotte moyenne	⅓ carotte moyenne
Concombre (dans du yogourt)	½ concombre moyen et 2 c. à soupe (30 ml) de yogourt	½ concombre moyen
Meringues à la noix de coco	2	1

REPAS LÉGER

SOUPER 31

Poulet tandoori et riz

Cette recette est aussi délicieuse si vous remplacez le mélange d'épices indiennes par du cari en poudre. Dans ce cas, la sauce prendra une couleur dorée. Le mélange d'épices indiennes donne une sauce plutôt rougeâtre.

Il est important de faire bouillir la sauce pendant 5 minutes, car le poulet cru peut contenir de nombreuses bactéries. En portant la sauce à ébullition avant de la servir, on évitera les intoxications alimentaires.

Le poulet tandoori peut être servi avec:
- *du riz, comme sur la photo (le riz basmati est mon préféré);*
- *un pain naan;*
- *un chapati, soit une galette de pain de l'Inde qui ressemble au roti.*

C'est pendant mon séjour au Kenya que j'ai fait la merveilleuse découverte du poulet tandoori. C'est un mets délicieux, juste assez épicé. Le poulet est enrobé d'une sauce épicée faible en gras, puis cuit au four ou sur le barbecue. On le mange avec du riz ou du pain naan, du commerce ou fait maison (voir la recette sur le site mealsforgoodhealth.com).

Poulet tandoori avec sauce

Donne 5 grosses portions ou 8 petites

Sauce:

1 ½ tasse (375 ml) de yogourt nature écrémé (blanc)

4 ½ c. à thé (22 ml) de mélange à épices indiennes que l'on trouve dans le commerce

4 ½ c. à thé (22 ml) de vinaigre

4 ½ c. à thé (22 ml) de jus de citron

2 ½ lb (1 kg) de poulet en morceaux sans peau

Une grosse portion
Calories: 286
Glucides: 8 g
Protéines: 41,6 g
Gras: 8,9 g

1. Dans un grand bol ou dans une casserole, mélangez tous les ingrédients de la sauce.
2. Coupez le poulet en morceaux assez petits pour qu'ils absorbent le goût du yogourt. Ajoutez les morceaux de poulet dans le bol ou la casserole en vous assurant qu'ils sont bien enrobés de sauce. Couvrez et placez au réfrigérateur pendant au moins 4 heures ou jusqu'au lendemain.
3. Secouez délicatement les morceaux de poulet pour enlever le surplus de sauce et faites-les griller sur le barbecue ou au four sur une grille placée sur une lèchefrite, à environ 5 po (13 cm) sous l'élément. Faites-les cuire pendant 10 à 15 minutes de chaque côté jusqu'à ce qu'ils soient bien cuits.
4. Mettez le surplus de sauce dans une petite casserole à fond épais et amenez à ébullition pendant 5 minutes. Donnez à chaque personne un petit plat de sauce pour qu'elle y plonge le poulet ou en assaisonne le riz.

Pour terminer ce repas en beauté, servez une portion de fruit tropical, par exemple de la mangue ou de la papaye.

Avec ce repas, servez une tisane ou du thé ordinaire, ou encore essayez ce thé indien aux épices.

Thé indien aux épices

Donne 5 tasses (1,25 litre)

2 sachets de thé

6 graines de cardamome

1 bâton de cannelle de 3 po (7,5 cm)

1 c. à thé (5 ml) de jus de citron

5 tasses (1,25 litre) d'eau bouillante, soit le contenu d'une théière

½ tasse (125 ml) de lait chaud par portion

1. Mettez le thé, la cardamome, la cannelle et le jus de citron dans votre théière. Remplissez-la d'eau bouillante et laissez infuser pendant 5 minutes. Retirez les sachets de thé, la cardamome et la cannelle de la théière.

2. Servez le thé avec une égale quantité de lait écrémé chaud et, si vous le désirez, 1 c. à thé (5 ml) de sucre, de miel ou d'édulcorant hypocalorique.

Pappadams
On les trouve les pappadams dans les grands supermarchés et dans les épiceries spécialisées. Ce sont des galettes rondes de 5 à 7 po (13 à 18 cm) plus ou moins épicées. Tout ce que vous avez à faire, c'est de les faire griller au four; au bout d'une minute ou deux, elles se mettront à former des bulles et à brunir. Faites-les griller des deux côtés. Ou encore, passez-les rapidement sous le robinet pour les humecter, puis mettez-les au four à micro-ondes à température élevée pendant environ 40 secondes.

	Par grosse portion	Par petite portion
Glucides	105 g	87 g
Protéines	55,9 g	38,0 g
Gras	10,3 g	6,6 g
Gras saturé	2,5 g	1,7 g
Cholestérol	156 mg	95 mg
Fibres	5,5 g	5,3 g
Sodium	825 mg	742 mg
Vitamine A	336 µg	319 µg
Acide folique	59 µg	50 µg
Vitamine C	55 mg	52 mg
Potassium	1275 mg	1025 mg
Calcium	412 mg	346 mg
Fer	4,4 mg	3,2 mg

Menu du souper	Grand repas (730 calories)	Repas léger (550 calories)
Poulet tandoori	1 grosse cuisse	1 petite cuisse
Sauce tandoori	4 c. à soupe (60 ml)	2 c. à soupe (30 ml)
Riz (basmati)	1 tasse (250 ml)	¾ tasse (175 ml)
Laitue avec tomate et concombre	½ tomate moyenne et concombre tranché	½ tomate moyenne et concombre tranché
Pappadams	2	2
Mangue	½	½
Thé indien aux épices	1 tasse (250 ml)	1 tasse (250 ml)

REPAS LÉGER

Collations

Collations

Dans cette partie, vous trouverez les photos de quatre groupes de collations. Ces groupes sont : les collations faibles en calories, les petites collations, les collations moyennes et les grosses collations. Les collations d'un même groupe contiennent environ le même nombre de calories. Choisissez vos collations en fonction du nombre de calories que vous voulez prendre quotidiennement. Le tableau de la page 10 indique le nombre de calories contenues dans les repas légers et les grands repas ainsi que dans les diverses collations.

Il est préférable de se limiter à trois petites, moyennes ou grosses collations par jour.

Trois petites collations totalisent 150 calories ;
trois moyennes, 300 calories ;
et trois grosses, 600 calories.

Collations faibles en calories

*   Ces collations contiennent seulement 20 calories ou moins. Elles sont composées d'aliments qui ne font pas grossir. Si vous en consommez quelques-uns par jour, votre poids ne devrait pas s'en ressentir. Vous pouvez les ajouter à vos repas ou à vos collations.

Petites collations

*   Ces collations contiennent 50 calories.

Rappelez-vous :
*   *1 collation moyenne =*
    2 petites collations
*   *1 grosse collation =*
    2 collations moyennes ou
    4 petites.

Collations moyennes

*   Ces collations contiennent 100 calories.
*   Deux petites collations équivalent à une collation moyenne.

Grosses collations

*   Ces collations contiennent 200 calories.
*   Deux collations moyennes, ou quatre petites, équivalent à une grosse collation.

N'oubliez jamais de boire de l'eau avec vos collations. Et évitez de les prendre tard le soir.

Variez vos collations pour ne pas vous lasser des mêmes aliments. Si vous prenez une collation entre les repas, vous aurez moins faim à l'heure du repas. Tout comme les repas, la plupart des collations sont faibles en gras et en sucre. Une collation composée d'un produit laitier constitue une source importante de calcium; un muffin au son vous procurera des fibres, et un fruit, des vitamines.

Et les bonbons, le chocolat, les croustilles et les autres aliments riches en gras et en sucre? Il est permis d'en consommer de temps à autre, mais en petite quantité. Évitez cependant d'en manger tous les jours, car ils contiennent beaucoup de calories et sont très peu nutritifs. Sur les photos des pages 224 à 229, ces aliments sont inclus dans les collations que l'on peut prendre à l'occasion. Les boissons alcoolisées font également partie de ce genre de collations. N'oubliez pas les recommandations concernant la consommation d'alcool (voir page 40).

Les collations illustrées sur la photo d'un même groupe contiennent à peu près le même nombre de calories. Cependant, leur contenu en sucre, en amidon, en protéines ou en gras varie.

La quantité de glucides contenue dans chaque collation est indiquée en rouge.

Sur les photos des petites, moyennes et grosses collations vous trouverez, pour chaque groupe:

- des collations riches en amidon, c'est-à-dire, principalement composées d'amidon;
- des collations composées de fruits et de légumes et contenant des sucres naturels;
- des collations à base de produits laitiers et contenant du lactose et des protéines; certaines peuvent aussi contenir du gras;
- des collations mixtes, composées d'aliments appartenant à différents groupes alimentaires, par exemple, un féculent et des protéines;
- des collations occasionnelles, riches en sucre ou en gras, ou contenant de l'alcool.

Si vous êtes diabétique et prenez de l'insuline ou des comprimés pour le diabète, lisez bien ceci: une collation en soirée renfermant des protéines et des glucides vous aidera à prévenir une baisse de sucre dans le sang durant la nuit. Parlez-en à votre médecin ou à votre diététiste.

Collations faibles en calories

20 calories ou moins par collation

Les quantités de glucides sont indiquées en rouge.

Boissons

1. eau: l'eau est la collation faible en calories par excellence 0
2. des boissons gazeuses «diètes» et mélanges à boissons «légers» en sachets 0
3. tisane 1
4. café ou thé 1 (ordinaire ou décaféiné); prenez votre café ou votre thé noir, ou ajoutez-y une petite quantité de lait écrémé, de lait écrémé en poudre ou de colorant à café léger. Supprimez le sucre en le remplaçant par un édulcorant hypocalorique
5. bouillon 4; recherchez les produits faibles en sel

Ajouts aux repas ou aux collations

6. édulcorants hypocaloriques 1
7. assaisonnements (poudre de cacao, épices, herbes) 1
8. 1 c. à thé (5 ml) de moutarde 0, de relish 2 ou de ketchup 1
9. sauce piquante 0
10. vinaigre 1
11. 1 c. à soupe (15 ml) de salsa 1
12. 1 c. à thé (5 ml) de miel 7, de confiture, de gelée ou de sirop 5 (la confiture légère et le sirop léger contiennent moins de sucre)
13. 1 c. à soupe (15 ml) de son ou de graines de lin (2 sortes présentées) ou 1-2 c. à thé (5 à 10 ml) de graines de lin broyées 2
14. 1 c. à soupe (15 ml) de garniture fouettée ou congelée ou 1 c. à soupe (15 ml) de crème sure légère ou 2 c. à soupe (30 ml) de crème sure sans gras 1-2
15. 1 c. à soupe (15 ml) de vinaigrette sans huile 1-5

Autres collations

16. ¼ tasse (60 ml) de choucroute **3**
17. 1 tasse (250 ml) de légumes verts **1**
18. 1 craquelin (biscuit soda) **2**
19. ½ tasse (125 ml) de salade de légumes en gelée **2** (voir la recette à la page 139)
20. ½ tomate **3**
21. ½ tasse (125 ml) de gélatine légère **2**
22. une gomme à mâcher sans sucre **1** ou ordinaire **3**
23. un bonbon à la menthe ou un autre bonbon dur **4**
24. plusieurs mini-menthes **2-3**
25. 1 Popsicle sans sucre **5**
26. 2 olives vertes **0**
27. 3 radis **1**
28. 1 cornichon ou 14 rondelles de piment fort marinées **2**
29. citron et lime **4**
30. 1 branche de céleri **1**
31. la moitié d'un concombre **3**

Petites collations

50 calories par collation
Les quantités de glucides sont indiquées en rouge.

Légumes

Ayez toujours au réfrigérateur des légumes crus lavés et prêts à manger. Rangez-les toujours à portée de la main.

1. ³/4 tasse (175 ml) de salade de chou (page 80) 9
2. 1 branche de céleri et 1 c. à soupe (15 ml) de fromage à tartiner 2
3. 1 grosse salade assaisonnée de 1 c. à soupe (15 ml) de vinaigrette sans huile 5
4. 1 carotte moyenne 8
5. 1 tasse (250 ml) de tomates en conserve 10

Fruits

6. 1 tasse (250 ml) de fraises 12
7. 1 petite orange 14
8. ¹/2 pamplemousse 12
9. ¹/2 pomme 11
10. 1 prune moyenne 10
11. 1 kiwi moyen 12
12. 2 pruneaux ou figues 11
13. 2 c. à soupe (30 ml) de raisins secs 16
14. 1 morceau de banane – long de 2 po (5 cm) 13
15. ³/4 tasse (175 ml) de gélatine aux fruits légère (page 183) 13
16. ³/4 tasse (175 ml) de compote de rhubarbe (page 107) ou de framboises fraîches 10

Jus

17. 1 tasse (250 ml) de jus de tomate ou de légumes 10
18. ¹/2 tasse (125 ml) de jus de fruits non sucré 13
(essayez de mélanger votre jus avec de l'eau gazéifiée ou du soda gingembre «diète»)

224

Collations à base de produits laitiers

19. ½ tasse (125 ml) de yogourt aux fruits léger, sucré avec édulcorant hypocalorique 8
20. 1 tasse (250 ml) de chocolat chaud léger 8
21. ½ tasse (125 ml) de lait (écrémé ou 1 %) 6
22. 1 barre de fudge glacé, un Revello ou une barre de crème glacée faible en calories (sucré avec un édulcorant hypocalorique) 12

Collations riches en amidon

23. 1 tasse (250 ml) de céréales de blé soufflé 10
24. 1 tasse (250 ml) de soupe en conserve 8
25. 2 bâtonnets de pain 8
26. 1 galette de riz 12
27. 1 biscuit digestif ou autre biscuit sec 8
28. 2 craquelins de grosseur moyenne 5

29. 2 toasts Melba 8
30. 4 craquelins (biscuits soda) 9
31. 1 croustipain avec fibres 7
32. 2 moitiés de biscuit Graham 11
33. 2 pappadams 9

Collations occasionnelles

34. 1 biscuit aux brisures de chocolat 7
35. 1 biscuit aux figues 11
36. ¼ tasse (60 ml) de mini-craquelins en forme de poisson ou 21 craquelins 7
37. 3 bonbons durs à la menthe 12
38. 5 Lifesavers 15
39. 1 petit chocolat 6
40. 2 guimauves 12
41. 3 oz (90 ml) de vin sec 3

Collations moyennes

100 calories par collation
(deux petites collations de la photo du groupe précédent équivalent à une moyenne)
Les quantités de glucides sont indiquées en rouge.

Légumes

1. 2 à 3 tasses (500 à 750 ml) de légumes crus accompagnés de 2 c. à soupe (30 ml) de trempette aux légumes (page 171) 20

Fruits

2. ½ cantaloup moyen 22
3. 1 tasse (250 ml) de compote de pommes 28
4. 4 tranches d'ananas et 2 c. à soupe (30 ml) de jus 24
5. 1 petite banane 27
6. 3 figues 29
7. 5 abricots séchés 22
8. 1 poire 25
9. 1 tasse (250 ml) de salade de fruits frais 27
10. 4 tranches minces de melon d'eau 22
11. 1 ½ tasse (375 ml) de raisins frais 24

Collations riches en amidon

12. 1 tranche de pain aux raisins tartinée de 1 c. à thé (5 ml) de margarine 14
13. 3 biscuits à l'arrowroot ou autres biscuits secs 17
14. 6 bretzels 24
15. 1 gaufre ou 1 crumpet recouvert de 1 c. à thé (5 ml) de confiture 21
16. 3 tasses (750 ml) de maïs soufflé (appareil à air chaud) 19
17. 1 petit pain de blé entier, accompagné de concombre, de laitue et de tomate 19
18. ⅓ d'un paquet de 80 g de nouilles orientales 20
19. 1 tranche de pain azyme 27

20. 8 croustilles de tortilla ou autres croustilles cuites, non frites, accompagnées de 1 c. à soupe (15 ml) de salsa 12

Collations mixtes

21. ½ petite pizza à hors-d'œuvre 13
22. 1 rôtie recouverte de 1 c. à thé (5 ml) de beurre d'arachide 15
23. ½ tasse (125 ml) de fromage cottage (1 %) et ½ tomate 6
24. 1 tasse (250 ml) de tomates en conserve et de 2 c. à soupe (30 ml) de fromage râpé 10
25. ⅔ tasse (150 ml) de céréales Cheerios et ½ tasse (125 ml) de lait écrémé ou 1 % 17

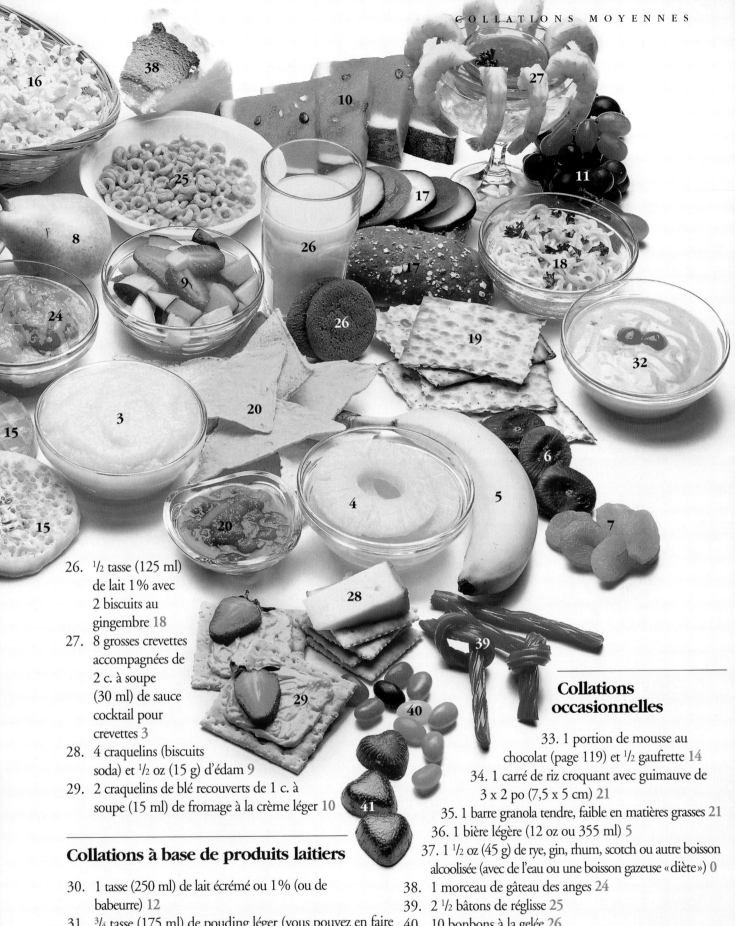

26. ½ tasse (125 ml) de lait 1 % avec 2 biscuits au gingembre **18**

27. 8 grosses crevettes accompagnées de 2 c. à soupe (30 ml) de sauce cocktail pour crevettes **3**

28. 4 craquelins (biscuits soda) et ½ oz (15 g) d'édam **9**

29. 2 craquelins de blé recouverts de 1 c. à soupe (15 ml) de fromage à la crème léger **10**

Collations à base de produits laitiers

30. 1 tasse (250 ml) de lait écrémé ou 1 % (ou de babeurre) **12**

31. ¾ tasse (175 ml) de pouding léger (vous pouvez en faire une délicieuse sucette glacée) **17**

32. ¾ tasse (175 ml) de yogourt léger **12**

Collations occasionnelles

33. 1 portion de mousse au chocolat (page 119) et ½ gaufrette **14**

34. 1 carré de riz croquant avec guimauve de 3 x 2 po (7,5 x 5 cm) **21**

35. 1 barre granola tendre, faible en matières grasses **21**

36. 1 bière légère (12 oz ou 355 ml) **5**

37. 1 ½ oz (45 g) de rye, gin, rhum, scotch ou autre boisson alcoolisée (avec de l'eau ou une boisson gazeuse « diète ») **0**

38. 1 morceau de gâteau des anges **24**

39. 2 ½ bâtons de réglisse **25**

40. 10 bonbons à la gelée **26**

41. 3 morceaux de chocolat (20 grammes au total) **13**

Grosses collations

200 calories par collation

(deux collations moyennes de la photo du groupe précédent équivalent à une grosse)

Les quantités de glucides sont indiquées en rouge.

Collations mixtes

1. Bol de légumes et craquelins: 2 tasses (500 ml) de n'importe quel légume cru avec 3 croustipains, 2 bâtonnets de pain et 3 c. à soupe (45 ml) de trempette aux légumes (page 171). 42

2. 2 rôties recouvertes de 1 c. à thé (5 ml) de beurre ou de margarine et de 2 c. à thé (10 ml) de confiture 38

3. 1 tasse (250 ml) de crème de blé chaude et ³⁄₄ tasse (175 ml) de lait écrémé ou 1 % 36

4. 1 pointe de tarte à la citrouille sans croûte (page 159), recouverte de 2 c. à soupe (30 ml) de garniture fouettée 33

5. 1 petit cornet garni de ³⁄₄ tasse (175 ml) de crème glacée légère 26

6. 1 muffin au son (page 64) et ¹⁄₂ oz (15 g) de fromage 29

7. 1 morceau de pain bannock (page 115) recouvert de 1 c. à thé (5 ml) de confiture 37

8. 16 arachides en écale 6

9. 1 tranche de pain de seigle noir (pumpernickel) recouverte de 1 c. à thé (5 ml) de margarine et de 1 ¹⁄₂ oz (45 g) de hareng mariné 16

10. 1 tasse (250 ml) de lait écrémé, 1 % ou de babeurre et trois biscuits secs 30

11. 1 tasse (250 ml) de pouding au riz (page 111) 41

12. 1 gros épi de maïs avec 1 c. à thé (5 ml) de beurre ou de margarine 40

13. 1 petite pomme de terre au four recouverte de 1 c. à soupe (15 ml) de crème sure légère 47

14. 1 pomme au four (page 147) accompagnée de ¹⁄₂ oz (15 g) de fromage 32

15. 4 craquelins avec 2 grosses sardines 10

16. ¹⁄₂ boîte de soupe aux tomates préparée avec du lait écrémé ou 1 % avec 2 craquelins (biscuits soda) 33

17. 1 tranche de pain recouverte de 1 oz (30 g) de fromage et d'asperges 16

18. 1 biscuit de blé filamenté avec ¹⁄₂ petite banane et ¹⁄₂ tasse (125 ml) de lait écrémé ou 1 % 45

19. ½ bagel recouvert de 2 c. à soupe (30 ml) de fromage à la crème léger 27
20. noix mélangées comme sur la photo 7
21. 16 croustilles de tortillas cuites, non frites avec 2 c. à soupe (30 ml) de hoummos ou de salsa 26
22. sandwich au jambon de 1 oz (30 g) de jambon (sans margarine), moutarde et laitue 30
23. 1 œuf et 1 rôtie recouverte de 1 c. à thé (5 ml) de margarine ou de 1 c. à thé (5 ml) de confiture 20
24. 1 oz (30 g) de fromage et morceaux de fruits 24

Fruits

25. 2 fruits (une petite pomme et une poire, par exemple) 51
26 La moitié d'un gros avocat (avec un soupçon de sauce Worcestershire ou de jus de citron) 8

Collations occasionnelles

27. 1 beigne 23
28. bâtonnets au fromage (environ 25) 20
29. croustilles (environ 18) 18
30. 1 tablette de chocolat de 40 grammes 24

229

Index

Pour en savoir plus
sur les recettes du livre :

Nous avons préparé un Guide *La santé au menu* dans lequel vous retrouverez :

*   la teneur en énergie ;
*   le contenu en nutriments (protéines, glucides, matières grasses) ;
*   les échanges d'aliments de Diabète Québec contenus dans chaque repas, recette et collation de cet ouvrage.

Que vous soyez professionnel de la santé, éducateur ou tout simplement une personne désireuse d'approfondir ses connaissances en matière d'alimentation, consultez notre site Web pour lire ou télécharger le document, à l'adresse suivante :

www.diabete.qc.ca

Diabète Québec

Fondée en 1954, Diabète Québec a pour mission d'informer et de sensibiliser la population au sujet du diabète. Cette association assure des services variés tels que des sessions de formation et des tournées d'information, et offre différentes publications. De plus, Diabète Québec travaille à défendre les droits des personnes diabétiques. Enfin, la promotion et le soutien de la recherche demeurent l'un des volets importants de sa mission.

Pour joindre Diabète Québec :

8550, boul. Pie-IX, bureau 300
Montréal (Québec) H1Z 4G2
Tél. : (514) 259-3422
Sans frais : 1-800-361-3504
Téléc. : (514) 259-9286
Courriel : info@diabete.qc.ca

Le site Web de Karen Graham contient des informations en français. Pour y accéder, aller au www.mealsforgoodhealth.com dans la section « Ressources », et cliquer sur « French Website » à côté de la photo du livre *La santé au menu*.